讲给孩子们听的潮汕故事
系列丛书

汕头特区故事

李岱玲 主编

SPM 南方传媒 | 广东人民出版社
·广州·

图书在版编目（CIP）数据

汕头特区故事 / 李岱玲主编. — 广州：广东人民出版社，2023.12
ISBN 978-7-218-16732-9

Ⅰ.①汕… Ⅱ.①李… Ⅲ.①汕头—地方史—儿童读物 Ⅳ.①K296.53-49

中国国家版本馆CIP数据核字（2023）第125489号

SHANTOU TEQU GUSHI
汕头特区故事
李岱玲　主编　　　　　　　　　　　　　版权所有　翻印必究

出 版 人：肖风华

策　　划：李　敏
责任编辑：李　敏　罗　丹
装帧设计：仙　境　刘焕文
责任技编：吴彦斌　周星奎

出版发行：广东人民出版社
地　　址：广州市越秀区大沙头四马路10号（邮政编码：510199）
电　　话：（020）85716809（总编室）
传　　真：（020）83289585
网　　址：http://www.gdpph.com
印　　刷：珠海市豪迈实业有限公司
开　　本：787毫米×1092毫米　1/16
印　　张：8　　　字　　数：82千
版　　次：2023年12月第1版
印　　次：2023年12月第1次印刷
定　　价：48.00元

如发现印装质量问题，影响阅读，请与出版社（020-85716849）联系调换。
售书热线：（020）87716172

《汕头特区故事》编委会

主　　　编：李岱玲
副 主 编：陈瑶　张玲
主要编写人员：邱晓琼　林佩君　江暖鸿
　　　　　　　陈晓雯　蔡毓玲　黄燕
指 导 单 位：中共汕头市委党史研究室
　　　　　　　（汕头市地方志办公室）
　　　　　　　潮汕历史文化研究中心

◎ 序

汕头市有着八千年的人类居住史,是截至目前经考古确认的、潮汕三市中分布有最古老人类文化遗址的城市。八千年来,生活于这里的人们,经受住数之不尽、难以想象的挑战和考验。他们栉风沐雨,薪火相传,创造出光辉灿烂的文明,也造就今天这个欣欣向荣的经济特区。

龙湖区位于汕头市东北部,是汕头经济特区的原点,见证了此方山水的无奈与辉煌:妈屿岛上潮海关开关,标志着1860年汕头被迫开埠;迎宾路前的《升腾》雕塑,标记着这里是"中国共产党人精神谱系"之"特区精神"的最早践行地和塑造地之一。

勿忘历史,方能砥砺前行。如何将底蕴深厚的历史文化与波澜壮阔的特区进程糅合起来,通俗易懂地告诉孩子们?涵养精神,方能永葆活力。如何将敢为人先的特区精神与穿越时空的中国力量联系起来,简洁明了地告诉孩子们?

这些,想来正是汕头不少教育工作者、文化人长期尝试解决的问题,而早日交出较好的答卷,向孩子们讲好"特区故事",相信是大家共同的心愿。

坐而论道,不如起而行之。于是,便有了汕头市龙湖区教师发展中心策划编写的这本《汕头特区故事》。它的问世,本身便体现着敢闯敢试、埋头苦干的特区精神气质——就笔者所知，在目前的公开出版物中，尚缺乏较系统、完整专注于某个特区政治、经济、文化，同时专供少儿阅读的图文读本，本书应该是较早的尝试。

《汕头特区故事》由若干长期身处教育一线、谙熟少年儿童阅读旨趣的优秀教师、文教工作者共同完成。就笔者看来，全书内容守正出奇、充满童趣，行文扼要而流畅、信息量充足，想来，应该能够较好地满足受众的需求。

毫无疑问，这个读本不可能十全十美。

然而，适宜的，才是较好的。

是为序。

李宏新

2022年8月21日 于清和园

导语

亲爱的同学们，大家好，很高兴认识你们。爷爷和龙龙将带大家到汕头去感受潮汕历史文化，更好地去了解汕头经济特区。

我是爷爷　我是龙龙

《汕头特区故事》反映汕头经济特区由昔日的边陲小城健步迈向现代化滨海城市的历程，奋笔书写新时代的"汕头篇章"。

为让学生能更好地了解汕头经济特区，本书以讲故事的形式，从特区发展历程、特区文化名片、创业故事启示、传承特区精神四方面讲述正能量的汕头故事，树立小读者们的特区小主人意识，与特区共成长。

本书力求做到易于学生接受，故事内容积极、向上，富有教育意义；融入中国元素、潮汕元素，以故事为载体引导孩子们感悟、弘扬民族精神和传承特区精神，培养孩子们正确的人生观和价值观。

汕头个人信息

中文名： 汕头市

外号： 鮀城（鮀岛）

民族： 汉

性格： 外向、热情、好客

自我评价： 敢闯敢试、敢为人先、埋头苦干

接头暗号： 0754

联络密码： 515000

专属座驾： 粤D

语言特长： 潮汕话

最喜欢的花： 金凤花

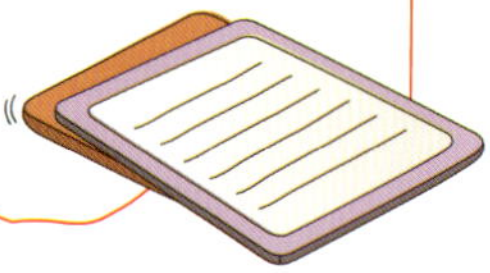

目录

第一讲　特区发展历程 ········· 001

一、特区名字的由来 ·················· 003
　　点燃希望——"汕头要迎来一次重生" ······ 003
　　打破现状，寻觅新路 ··············· 004

二、特区发祥地 ····················· 006
　　龙湖——汕头经济特区的发祥地 ········· 006
　　三探选址，龙湖村西北侧成特区发祥地 ····· 008

三、特区地理位置 ···················· 014

四、特区的变化 ····················· 015
　　特区范围的扩大 ·················· 015
　　经济实力增强 ··················· 017
　　城市建设日新月异 ················· 019
　　社会事业不断发展，人民生活水平不断提高
　　································· 023

第二讲　特区文化名片 ········· 025

一、教育资源 ······················ 027
　　汕头大学 ····················· 027
　　广东以色列理工学院 ··············· 029

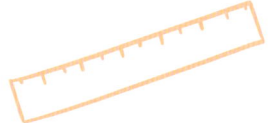

二、旅游资源 ... 030
中山公园 ... 030
礐石风景名胜区 ... 031
妈屿岛 ... 031
汕头小公园 ... 032
侨批文物馆 ... 035
汕头开埠文化陈列馆 ... 036
红色交通站 ... 036

三、城市地标 ... 038
特区梦起的地方 ... 038
汕头北回归线标志塔 ... 040
旋宫邀月 ... 041
汕头市"三身人"雕像 ... 042
汕头金凤坛 ... 043
汕头游泳跳水馆 ... 044
西堤公园 ... 045
汕头人民广场 ... 045
汕头市博物馆 ... 047
汕头火车站 ... 048
林百欣国际会议展览中心 ... 049
汕头海湾大桥 ... 050
潮博馆 ... 051
津湾公园 ... 052
潮人码头 ... 053

　　南澳岛 053

四、英模贤达 055

　　道德模范——曾雄 055

　　2020年广东百户"最美家庭"——林若华家庭

　　..056

五、经济产业 059

　　广东汕头超声电子股份有限公司 060

　　众业达电气股份有限公司 062

　　凯撒（中国）文化股份有限公司 064

　　广东潮宏基实业股份有限公司 066

　　拉芳家化股份有限公司 068

六、文化遗产 069

　　潮阳剪纸 069

　　潮剧 072

　　潮州音乐 074

　　澄海灯谜 075

七、文化艺术 078

　　汕头杂技 078

　　潮汕大锣鼓 079

　　潮汕英歌舞 080

　　潮汕工夫茶 081

　　汕头抽纱 082

　　潮汕木雕 083

　　古建筑艺术 083

第三讲　创业故事启示 ············· 085
  一、本土动漫品牌的骄傲 ············· 087
  二、"新农人"的选择 ············· 090
  三、"夹缝求生"式创业故事 ············· 093
  四、用灵魂舞动针线上的艺术 ············· 097
  五、"交谊舞舞者"的国际"舞步" ············· 100
  六、一位会计的成长之路 ············· 103

第四讲　传承特区精神 ············· 105
  一、什么是特区精神 ············· 107
  二、我和特区共成长 ············· 109
    拓展汕头港口天地的传奇潮商 ············· 109
    默默坚守老城的"广东好人" ············· 109

主要参考文献 ············· 113

第一讲

特区发展历程

爷爷,我经常在电视新闻上看到"汕头经济特区",那什么是经济特区,它的名字是怎么来的呢?

这个汕头经济特区的故事啊,那可得慢慢来讲咯!

汕头早在1860年就对外开埠,并在妈屿岛设立"潮海关",恩格斯称汕头为五口通商之后"唯一有一点商业意义的口岸"(恩格斯:《俄国在远东的成功》)[①]。1980年8月,五届全国人大常委会第十五次会议审议并批准在深圳、珠海、汕头、厦门建立经济特区,于是就在汕头市区东郊的龙湖村西北角划出1.6平方千米土地作为汕头经济特区,开启了神奇发展之路。后来经过三次调整,经济特区的区域扩大到整个汕头市。

建立经济特区,是党和国家为推进改革开放和社会主义现代化建设做出的重大决策。站在改革开放最前沿,经济特区勇扛历史责任,敢为人先、埋头苦干,创造了卓越的业绩。

---
① 《马克思恩格斯全集》(第十二卷),人民出版社1962年版,第663页。

一、特区名字的由来

资料卡

1980年8月26日,第五届全国人民代表大会常务委员会批准公布了《广东省经济特区条例》,确定在深圳、珠海、汕头三市分别划出一定的区域,设置经济特区。中国改革词典中,由此增添了一个引人瞩目的新词——"经济特区"。

1980年,是中国经济特区的起步之年,也是汕头这座城市具有里程碑意义的一年。由此,汕头肩负起"试验田"的新使命。

> 不过,汕头的经济特区发展之路,充满了挑战……

点燃希望——"汕头要迎来一次重生"

1978年12月,党的十一届三中全会作出了改革开放的伟大决策，中国从此进入新的发展时期。

然而，改革并非易事。以汕头为例，《中国经济特区发展（1978—2018）》中提到，经济特区设立以前，国家对汕头的经济建设投资有限，特别是对供水、供电、港口、道路等基础设施的投资不足，一些骨干企业还被搬迁到内地，致使汕头在当时与国内其他城市相比，并没有得到很好的发展。

此外，由于一批被举家迁移的居民和上山下乡的青年回城，一时间待业人口猛增。当时许多人无事可干，生活无着落，居无定所，只能在街道两旁搭起简易竹棚作为临时住所……

打破现状，寻觅新路

根据《南方日报》报道，1979年7月15日，中共中央、国务院批准广东、福建两个省委的报告，决定在深圳、珠海、汕头、厦门试办"出口特区"，并指出"可先在深圳、珠海两市试办，待取得经验后，再考虑在汕头、厦门设置"的问题。

中央这一重大决策，为汕头点燃了希望之光。《艰辛的崛起——汕头特区创业十年》一书提到，1979年12月12日，中共广东省委给中央的汇报提纲中，建议用"经济特区"的名称；1980年4月，国务院在广州召开的工作会议上采纳了这个建议。同年8月，第五届全国人大常委会第十五次会议批准公布了《广东省经济特区条例》。

命运改变，迎来重生。汕头，终于迎来了难得的历史机遇。对此,《中国经济特区发展(1978—2018)》如此评价:"放眼整个汕头的发展史,决定汕头城市命运的又一关键时刻到来了……跻身中国第一批经济特区之一,汕头马上就要迎来一次重生。"

探究活动　请你向长辈了解汕头经济特区创建的故事。

二、特区发祥地

 龙龙,你知道汕头市哪个区是最先发展起来的吗?

 爷爷,我知道!我从报纸和书籍中查到了许多资料,我这就和大家分享!

龙湖——汕头经济特区的发祥地

龙湖区在汕头市中心,因境内有龙湖沟而得名。1980年,汕头经济特区成立,龙湖是汕头经济特区的试办区,是汕头经济特区的发祥地。龙湖区的变迁见证了汕头经济特区发展的足迹。

龙湖区作为汕头经济特区的发祥地,从道路名称到一些标志性建筑,都展现了新时代的龙湖特有的面貌。

《羊城晚报》关于汕头经济特区的报道

你知道吗？

道路就像城市的脉络，道路的名称往往反映着时代的背景和区域的特性。道路的命名是汕头经济特区建设中的一项重要任务。1989年，经汕头市地名委员会批准公布，采取套用中国的山川河流名称的办法为龙湖区的道路命名，并一直沿用至今。

资料卡

走在龙湖区的街道上，你会发现道路是以中国著名的山川河流命名，兼顾了潮汕本土的山河之名，并参考了我国地理方位。我国江河多自西向东流，故龙湖区东西走向的道路以江河为名，如长江路、黄河路、韩江路等。我国山川多南北走向，龙湖区南北走向的道路则以山脉为名，如嵩山路、天山路、华山路等。人们可以依据路名来判断大致的地理方位，走在龙湖区街头，如同穿越、走访祖国的大好河山。

探究活动

请你和长辈一起画画家周边的道路图，并标注路名。

三探选址，龙湖村西北侧成特区发祥地

❀ 特区建在哪里？

特区的建设十分辛苦。《艰辛的崛起》一书提到，中央同意在深圳、珠海、汕头、厦门试办"出口特区"，汕头市城市建设局提出可在市南郊广澳或者市东郊珠池两地选择特区区址的意见。

为了更好地完成选址和规划工作，1980年1月22日，汕头市委等单位抽调6名工程技术业务干部组成了"汕头经济特区筹备工作组"，着手进行特区选址、规划工作。这批前辈，就是筹建特区的"开荒牛"。

当时，他们顶着严寒酷暑，踏遍达濠半岛和珠池肚沿海的沙丘荒原，对这两个片区进行细致的调查研究。特区"开荒牛"中的一员——已故的汕头市城建局退休干部王瑞忠同志，从1980年直至退休，漫漫18年间，他积极投身到特区的选址、地质材料的搜集以及一砖一瓦的建设工作中。同时，他还用相机记录这个过程，将特区的建设和发展定格成一张张宝贵的照片。这些照片连同他发表于当地报刊的一些文章，结集成《鮀城旧影》一书。

经过调查、勘察，筹备组提出把特区区址改在市东郊龙湖村西北侧的一个沙丘地带。这里地势较高，地质也好，地面以下6米深都是沙层土。这片区域西南面有一条20多米的大水沟，东面有一条国防公路。而且，该区域临近市区、港口、机场，水电的供应便利，生产、生活服务设施方便。基于这样的地理

条件，在此建设特区具备投资省、上马快、收效快等优势。

省、市两级领导高度重视这一意见。1980年7月，当时担任广东省委书记的吴南生同志来到汕头，与当时任汕头地委、市委负责同志刘俊杰、程春耕、林衡等人一起研究，最终他们拍板决定，在汕头市区东郊龙湖村西北侧设置面积1.6平方千米的汕头经济特区。

那时的龙湖村离市区仅3千米，但仍是荒沙一片，村民生活条件十分简陋，无水、无电、无路，靠吃番薯、住草寮艰难度日。因此，当在龙湖村建区的消息传来，龙湖村的村民忐忑不安，说不上是开心，还是忧虑。

> 《艰辛的崛起》中有一个故事：当时，汕头经济特区管委会第一任主任刘峰对龙湖村民说："你们把土地让给国家，今后建了特区，开工厂、办公司，你们会发财的。"龙湖村的干部和村民听后却不以为意。后来，土地的建设不失所望，龙湖村民十分欣喜。"建特区，雇用农民挑土平地，有工可做，每天挣个5元、7元，大家已很满意。再说征购土地每亩解决2个劳力，可以安排到集体工厂做工，在当时算是一项美差。"

❁ 破土建设，荒滩上崛起一座新城

一大批最初的特区建设者，除了政府派来的组建特区的工

作人员外，还有龙湖村的村民们。他们把自己的汗水和热血挥洒在特区第一期开发的土地上，这块仅0.2平方千米的土地，见证了特区初期建设者们的辛勤付出与无私奉献。1981年那个冬天，"三通一平"工程终于在这里启动。

"四个一片"分期开发，正是当时汕头特区的建设模式。《汕头经济特区十年（1981—1991）》一书介绍，汕头特区一起步建设，就碰到基础设施落后、资金紧缺且筹措有困难等问题。受客观条件制约，水通、电通、路通和平整土地的任务十分艰巨，即便如此，也不能为了速度而盲目建设。为此，特区建设者制定了"开发一片、建成一片、投产一片、获益一片"的方针。

> 一大群人赤着脚，蹚过那条水深没膝、20米宽的龙湖沟，爬上这一片荒芜的沙丘。举目四顾，西北风卷起阵阵细沙扑面而来，没有人家，不见房舍，更谈不上水源和照明，一株株仙人掌伴着野草随风摇曳。第一代特区人就要在这里安营扎寨，向大自然开战。
>
> ——《艰辛的崛起》

刘峰在其《回顾与反思》一书中这样回忆：从特区0.2平方千米土地工程动工之日起，大家都有一个信念，尽量节约开支，勒紧裤腰带过日子。在平整土地时，大家就想出一个妙法，用一块块一尺见方的石板，在荒沙埔上铺出一条便道，专供运输车和搬沙运土的民工使用。待这片土地平整完或某一工程竣工以后,又将这些石板搬到另一片待开发的沙地上,如此反复使用,以节省资金。当时就有人感叹:特区人"在石板上也要榨出油来"!

刘峰还写道:"工地一动工,同志们每天都是早出晚归,机关作息时间表宣告失效,但谁都没有斤斤计较,更谈不上有什么加班费之类,连止渴、提神的茶叶,也是自己掏腰包买的,从没有向财务部门报销。"

就这样,在艰苦卓绝的环境和条件下,汕头经济特区的"开荒牛"们肩挑背扛,硬是把特区第一期计划开发的0.2平方千米土地和第二期的0.24平方千米土地"啃"了下来,完成了通水、通电、通路、通信、通燃气和平整土地"五通一平"的任务。

而从那时开始,敢闯敢试、敢为人先、埋头苦干的特区精神,就已深深扎根于这片热土,并生根发芽。

这样的精神值得我们学习!

凝心聚力，华侨及港澳同胞深情支持

 龙龙，你知道吗？汕头是全国著名侨乡，在海外的华侨、华人和港澳台同胞500多万人，遍布世界100多个国家和地区。潮汕人一向吃苦耐劳、积极进取、敢闯敢干，在潮汕人中特别是在海外，涌现出一大批商界巨子和社会精英，在海内外影响巨大。侨资、侨力、侨智是一笔极大的财富，也是招商引资最重要的资源。

 爷爷，特区人民可真是吃苦耐劳，敢闯敢拼！

其实，在汕头经济特区建立前后，还有一股力量深情支持着特区的创办。这就是来自华侨及港澳同胞的力量。

根据《艰辛的崛起》分析，兴办特区能促进对外开放，加强与世界经济的沟通、合作，从而繁荣家乡、强盛中国，这也是海外华侨及港澳同胞一向所期望的。

爱国侨领庄世平先生和新加坡实业家罗新权先生，对特区建设倾注了一腔热血。《艰辛的崛起》中写道，凡是关于特区的问题，一经请教，庄世平先生知无不言，或帮助联系，或查找资料，并以年迈孱弱之躯，不辞辛苦往来奔波。他与

庄世平先生
（来源：《世界潮商》）

罗新权先生所提供的有关世界经济动向和经济特区的资料，难以计数。

1979年，正值特区创办酝酿时期，罗新权先生就到汕头考察，花了很多精力勘察地形，研究制订出汕头市投资开发的计划，这为特区创办提供了宝贵的思路。

侨乡优势也成了汕头创办特区的优势条件，弥补了地理条件上的不足、基础设施落后的短板。

三、特区地理位置

汕头经济特区位于广东省东部沿海潮汕平原上，濒临南海，地处韩江、榕江、练江出海口，因港而兴，因侨而立，素有"华南要冲、岭东门户"之美称，是全国著名侨乡，为华南重要港口城市，粤东和闽西南出海的门户。

汕头经济特区在韩江三角洲南端，东北接潮州市饶平县，北邻潮州市潮安区，西邻揭阳普宁市，西南接揭阳市惠来县，东南濒临南海。

全境位于东经116°14′至117°19′，北纬23°02′至23°38′，北回归线过境，中心城区距香港187海里，距台湾高雄180海里。

同学们，你能根据上面的资料，在地图上把汕头标出来吗？

四、特区的变化

特区范围的扩大

1980年 8月26日
第五届全国人大常委会第十五次会议审议批准建立深圳、珠海、汕头、厦门4个经济特区，并批准国务院提请审议的《广东省经济特区条例》。

1981年 7月19日
国务院批准汕头经济特区面积1.6平方千米。

1984年 11月29日
国务院发文批复广东省人民政府，同意汕头经济特区的区域范围调整为52.6平方千米，其中，龙湖片区（含妈屿岛）22.6平方千米，广澳片区30平方千米。

1991年 4月6日
国务院批准汕头经济特区范围从52.6平方千米扩大到234平方千米。（11月1日起实施）

9月14日
经国务院批准，民政部批复广东省政府，同意汕头市辖区行政区划调整。调整后龙湖区辖原郊区下蓬镇、珠池街道和原金砂区部分行政区域。

2011年 3月24日
国务院发文批复汕头经济特区范围扩大至全市，面积2064平方千米。（5月1日实行）

龙湖区政府

据汕头市人民政府门户网站（2022年3月30日发布），汕头全市总面积2199平方公里，2021年年末户籍人口577.65万人，常住人口553.04万人，常住人口城镇化率70.74%。现辖金平、龙湖、澄海、濠江、潮阳、潮南6个区和南澳县。

探究活动　请你和家人聊一聊，写下你所了解到的汕头的变化吧！

经济实力增强

 汕头能够成为经济特区,和汕头人民的努力是分不开的。

 爷爷,今天的汕头,又有了新的面貌,您能再给我讲讲吗?

 好啊,你听我说……

汕头是中国东南沿海重要港口城市、海上丝绸之路重要门户、广东省域副中心城市、中国沿海开放港口城市、中国品牌经济城市、中国文具生产基地、国家交通枢纽城市,素有"华南要冲、岭东门户"美称。

随着经济特区的建立与发展,汕头逐渐壮大了如纺织服装、化工塑料、工艺玩具、印刷包装等传统优势产业,以及新能源、新材料、新一代电子信息、大健康产业等战略性新兴产业,获得了"中国工艺毛衫名城""中国玩具礼品城""中华毛衫名镇""中国针织内衣名镇""中国内衣名镇""中国家居服装名镇"等国家级称号,以及"中国包装印刷和装备生产开发基地"和"中国输配电设备制造特色产业基地"称号。

汕头取得的经济成就获得媒体广泛报道（来源：《南方日报》、大华网、汕头橄榄台）

资料卡

我们身边的上市公司

汕头市现共有34家上市公司，分别是：宜华健康、万泽股份、超声电子、洪兴股份、东方锆业、天融信、奥飞娱乐、潮宏基、凯撒文化、太安堂、众业达、鼎龙文化、群兴玩具、西陇科学、光华科技、天际股份、金发拉比、英联股份、实丰文化、名臣健康、星辉娱乐、万顺新材、金明精机、美联新材、仙乐健康、星辉环材、粤万年青、天亿马、东风股份、宏辉果蔬、拉芳家化、联泰环保、松炀资源、泰恩康。

（资料来源：汕头市人民政府官网2022年3月30日发布）

这些企业涵盖了木业、地产、动漫、玩具、超声仪器、珠宝、电缆制造、包装、制药、特种玻璃制造、化工、制衣、食品等十几个传统产业和新型优势产业，足以见证特区的繁荣。

奥飞娱乐（来源：大华网）

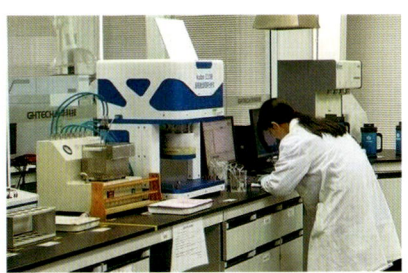
光华科技（来源：汕头橄榄台）

拉芳家化生产车间
（来源：汕头橄榄台）

拉芳家化携手抗疫
（来源：汕头橄榄台）

城市建设日新月异

同学们，你可知道，汕头作为广东省域副中心城市，汕头基础设施建设日益完善，高楼林立，形成以海港、空港为中心，高级公路、铁路为骨架的海陆空现代化立体交通网络，极大地方便了人们的生活呢！

> 一起来看看吧!

汕头港

有了港口才能对外联系，汕头港口作为粤东地区对外联系的重要口岸，对外经济交流和合作领域扩大，已同180个国家和地区建立了贸易往来关系。

汕头海湾大桥

在汕头有这么一座大桥，它跨越内海，连接濠江区与龙湖区，便利了人们的出行，也使得更多的人能到汕头来投资，极大地促进了经济的发展，提高了汕头市在国内外的知名度。

汕头岩石大桥

岩石大桥连接金平区与濠江区，建成后，与汕头海湾大桥形成跨海交通环线，对改善汕头市投资环境和对推动经济发展起到重大的作用。

海湾隧道

海湾隧道已经建成，这可真是个好消息呀！从陆地到海域，隧道成为汕头市第三条过海通道，连通汕头湾南北两岸，助力城市发展。

资料卡

神奇通道——厦深铁路

汕头临近西太平洋国际黄金航道，市区距香港187海里，距台湾高雄180海里。历来是粤东、闽西南等地的产品集散地，也是内地面向海外的重要通道。

厦深铁路连接了深圳、厦门两大经济特区，并于2019年7月开通前往香港的高铁。揭阳潮汕国际机场是广东省东翼的骨干机场，港口建设步伐加快，随着交通基础设施的根本性改善，区位优势增强。同时，汕头是广东省距离台湾最近的城市，南澳岛港距离台湾澎湖马公港仅102海里，两地文缘相通、人缘相亲、商缘相联，汕台商贸合作潜力巨大。

深汕高速海湾大桥路段

汕汾高速

社会事业不断发展，人民生活水平不断提高

脱贫，一直是人民心中的牵挂。2021年7月1日，在庆祝中国共产党成立100周年大会上，习近平总书记代表党和人民庄严宣告，经过全党全国各族人民持续奋斗，我们实现了第一个百年奋斗目标：在中华大地上全面建成了小康社会。据报道，在脱贫攻坚中，汕头9.3万名农村相对贫困人口全部脱贫，37个相对贫困村全部出列。

❀ 脱贫乡村桥陈村

夏日的周末，潮阳区金灶镇桥陈村迎来了不少市民游客。驻村工作队与村干部们正讨论着村里的乡村旅游项目。桥陈村党支部书记、村委会主任陈瑞雄告诉记者："这几年我们也传承了红色基因，团结一致为村民做好事、办实事，下一步就是把脱贫攻坚与乡村振兴衔接、查漏补缺。"

从曾经的贫困村到蜕变成美丽乡村，村民们从未想象过这样的生活。在村委会里，20岁的陈珊微正忙着整理归纳各类材料。曾被列入贫困户的她，如今成为村里的信息员，去年她庄重地递交了入党申请书。陈珊微说："能够服务群众很有意义，所以我以后也想把我们的桥陈村建得更好。"

桥陈村驻村工作队队员郭烽塍也说："昔日脏乱的桥陈村已蜕变成一个望得见水、留得住乡愁的美丽休闲乡村，36户贫困户已实现全部脱贫。在接下来的工作中，我要时刻牢记着党员身份，牢记职责使命，用自己的实际行动，继续为群众解决急难愁办的事。请党放心，强国有我。"

脱贫乡村波头村

在距离桥陈村不远的金灶镇波头村，村民陈宜芳和村里几位妇女正忙着缝制芭比娃娃的玩具衣。在脱贫攻坚中，驻村工作队和村两委结合实际，积极帮助村民脱贫，实现家门口就业，陈宜芳凭借勤劳的双手不单摆脱了贫困，更是成为致富带头人。陈宜芳高兴地说："现在也是走进小康生活，我感到很满意。"

波头村党支部书记、村委会主任陈晓群告诉记者："现在我们村里还在谋划'一村一品'，种植玫瑰葡萄。'一村一品'带动我们村民就业，同时也是给我们村民带来宝贵的经验，让他们学到技能。我们一定会发扬伟大建党精神，不忘初心、牢记使命，同时也团结我们的两委干部，使我们整个村的发展更上一个台阶。"

在习近平新时代中国特色社会主义思想的指引下，在乡村振兴战略的推动下，如今，我市"巩固拓展脱贫成果同乡村振兴有效衔接"的号角已经吹响。全市各地正继续发扬伟大建党精神、脱贫攻坚精神，与人民群众想在一起、干在一起，奋力开创乡村振兴新局。

——《汕头：小康图谱已绘就 乡村振兴阔步走》
（汕头融媒集团2021年7月6日）

探究活动 和爸爸妈妈、爷爷奶奶一起聊聊他们所经历的生活的变化吧！

第二讲
特区文化名片

汕头是亚热带气候，长年温和，由于地处海滨，有海洋季风调节，气候温润宜人，"宜居城市"是一张闪亮名片。

汕头拥有一批广东省乃至全国都具有一定知名度和影响力的文化资源和文化品牌，这是汕头文化产业发展的宝贵资源。下面，我们将从教育资源、旅游资源、城市地标、英模贤达、经济产业、文化遗产、文化艺术等七个方面来介绍特区的文化名片。

龙龙：爷爷，都说汕头是一座海滨城市，它的文化资源也很丰富。

爷爷（点点头）：对呀！汕头有文化产业发展的宝贵资源。

龙龙（好奇）：哦，汕头有哪些文化特色呢？

爷爷：汕头的文化特色可多了，听好咯……

一、教育资源

 龙龙,今天,爷爷就带你到汕头的两所著名的大学走一走!那里可有"全亚洲最美丽的大学图书馆"哦!

 真的吗?爷爷,快带我去!

汕头大学

汕头大学是全球唯一一所由私人基金会——李嘉诚基金会持续资助的公立大学,汕大图书馆被誉为"全亚洲最美丽的大学图书馆"。汕头大学风景优美,建筑风格别具一格,有"全国高校建筑之花"的美誉。

汕头大学

> 汕头大学是目前潮汕地区实力最强的高校,特别是汕头大学医学院,拥有国家重点学科——病理学与病理生理学。

雕塑《高瞻·仰俯》

汕头大学医学院

2022年10月1日,汕头大学东海岸校区正式启用。东海岸校区占地共约1571亩,其中"一场两馆"(即体育场、体育馆和训练馆)、宿舍区、教学实验行政区共占地约1088亩。

汕头大学东海岸校区

广东以色列理工学院

广东以色列理工学院是一所高起点的中外合办大学,由汕头大学和以色列理工学院合作办学。以色列理工学院是国际一流高校,理工科实力全球顶尖,被誉为"以色列的麻省理工",先后有多位教授获得诺贝尔奖。广东以色列理工学院面向全球招生,2017年,广东以色列理工学院迎来了第一届学生。

广东以色列理工学院

探究活动 你更喜欢、向往哪所大学呢?说说理由吧!

二、旅游资源

 你知道汕头有哪些旅游景点吗？

 难不倒我，有岩石风景区，有……

中山公园

汕头市中山公园是粤东地区建园历史最早、规模最大、具有深厚历史和人文内涵的综合性公园。

公园四面环水，月眉河环绕园区，中山桥、月眉桥和迎春桥三座桥梁将公园与市区陆地连在一起，园区的玉鉴湖面积近百亩，风景绮丽，闻名遐迩。

中山公园

礐石风景名胜区

礐石风景名胜区，是广东省第一批省级风景名胜区，潮汕地区首批国家4A级旅游区，汕头八景之首，具有海、山、石、洞和人文景观等综合特色。

礐石风景名胜区

妈屿岛

妈屿岛，位于广东省汕头市中心城区，是内海湾上的一

妈屿岛

个小岛。汕头开埠的标志——潮海关在此设立。1995年12月，我国第一座大跨度悬索桥汕头海湾大桥建成后，妈屿岛便成了这座大桥的一个桥墩，与海湾大桥连成一体，形成新的景观。2020年，汕头火车站至妈屿岛双向公交线路开通。

小拓展

妈屿岛最奇之处，莫过于一岛有两座妈祖庙。沿海渔民信奉妈祖本是平常事，但一岛两庙，且相邻而立，香火相映，却是此岛独有之景。

天后娘娘石像位于妈祖宫南侧100多米处，由108块石雕砌成，象征着108只和平鸽；石像面朝大海，祈求汕头港风平浪静、国泰民安、世界和平。

汕头小公园

龙龙，你想了解更多的汕头历史文化吗？

爷爷，我当然想呀！

好，那我们就出发到小公园片区，去感受历史文化吧！

汕头小公园，百载商埠的辉煌见证。第三批广东省历史文化街区名单正式公布，汕头市小公园开埠区中山纪念亭街区、西堤街区两处名列其中。

汕头小公园开埠区位于当地老城区，是我国34个开埠城市中保存较完好的开埠区，具有深厚的城市人文价值。

近年来，随着保育活化工程的推进，汕头市小公园开埠区中山纪念亭街区、西堤街区旧貌换新颜，成为当地文化地标，吸引各地游客慕名而来。

百货大楼

小公园骑楼

 爷爷，我发现小公园周围的建筑特色与其他地方不一样啊？

 是的，龙龙，你真是个观察细致的孩子！汕头小公园，以"小公园"为圆心，"四永一升平""四安一镇邦"，也是全国唯一一个呈扇形放射状格局分布的骑楼街道。

 爷爷，我现在走在骑楼街上，通过浓厚的中西合璧建筑结构和装饰元素，依然能感受到骑楼街当年的辉煌。

小公园的中山纪念亭，建成于1934年，在回乡观光、探亲的华侨眼里，它像故家的门楣一样难忘，像祖母的笑颜一样可亲，总是令人魂牵梦绕。

老妈宫，又称天后宫，是历史博物馆，老妈是潮汕人

中山纪念亭

对海神妈祖的尊称。明末清初,这里就是滨海的沙滩,叫做"汕"。

清朝嘉庆年间,人们在这里修建了天后宫和关帝庙。渔船出海和潮人过番,都要在这里拜别祭祀,祈祷平安,包一点香灰和泥土带上,寄托对故乡的怀念之情。

老妈宫

侨批文物馆

 龙龙,你知道什么叫"批"吗?

 批?不知道!

 潮汕话把"信"称为"批"。侨批是海外华侨通过民间渠道或金融、邮政机构寄回国内,连带家书或简单附言的汇款特殊凭证。

 爷爷,现在哪里还可以看到这些"侨批"?

侨批文物馆创建于2004年,是我国首个侨批文物馆。其新馆2013年开馆,馆藏侨批12万余封。

该馆有"潮汕侨批文化图片展",展览内容包括"侨批的历史轨迹""华侨侨眷生命线""侨批文化的研究""筹办侨

侨批文物馆

批文物馆"4个部分，展出照片200余幅，还陈列部分侨批原件、送批用具等文物。

汕头开埠文化陈列馆

汕头开埠文化陈列馆大楼，始建于1907年，是汕头市一张亮丽的文化名片，反映了汕头开埠的历史脉络、开埠的意义，以及开埠带来的繁荣气象。在第三次全国文物普查中，这座历尽沧桑的大楼被登记为不可移动的新发现文物点。

汕头开埠文化陈列馆

红色交通站

 龙龙，你知道吗？在中央红军长征之前，上海和中央苏区之间有一条途经汕头的秘密交通线。

 什么？秘密的交通线？

是的,它蜿蜒曲折长达数千里,由中央直接掌握,担负着党中央从上海到中央苏区转移干部、传递信息和运送物资的任务,它就是至今仍备受称颂、常被影视剧作为题材的"红色交通线"。它是唯一一条自始至终不受破坏的地下航线,为中国革命事业作出了卓越的贡献。

 这是真的吗?汕头居然还有一条神秘的"红色交通线"!

"中共中央至中央苏区秘密交通线汕头中站旧址"位于汕头市中心城区海平路97号。当年的红色交通站"华富电料行",作为小公园开埠区又一处"被唤醒"的城市历史记忆符号,为这座具有光荣革命传统的城市增添了一张新的"红色名片"。

中共中央至中央苏区秘密交通线汕头中站旧址

探究活动 同学们,汕头给你印象最深的是哪个景点呢?作为小主人,你最想带客人去哪里参观、旅游呢?快把你的计划写下来吧!

三、城市地标

 哇哦,汕头真是旅游胜地呀!

 汕头不仅是旅游胜地,还有很多地标物呢!

 噢,是什么?

 别急,听我慢慢道来……

特区梦起的地方

在龙湖区政府前广场中央,矗立着汕头的标志性雕塑之一《升腾》(又名《希望之星》)。在当地,很多人把这座建于1990年12月的雕塑群称为"升"。

2008年5月10日,北京2008奥运会火炬接力(汕头站)活动召开,其起跑仪式便是在《升腾》雕塑群台基上隆重举行。

汕头特区标志雕塑《升腾》

为宣传经济特区的建设成就和面貌，中国邮政总局于1994年10月16日发行首套《经济特区》纪念邮票，将《升腾》《开荒牛》《海珠女》《白鹭》和《鹿回头》五组雕塑分别作为五大经济特区的标志印入邮票。

《经济特区》纪念邮票

《经济特区》全套纪念邮票采用了横五连的布局，以特区的标志性城市雕像为主图，各特区城市建设为背景，彰显各特区的建设风貌。

《经济特区——汕头》把雕塑《升腾》即《希望之星》置于中心位置，中景是如林的现代化城市建筑，远景衬以隐约可见的山峦。

邮票《经济特区——汕头》

《经济特区——汕头》既表现了汕头的自然地理环境特征，又象征着汕头特区犹如破土而出，洋溢着一种蓬勃发展、升腾向上的时代气息。

 汕头的地标多着呢，可分为"城市老印记"和"特区新地标"呢！

 哇，真的吗？爷爷，您快跟我讲讲！

 我就先讲讲"城市老印记"吧！

汕头北回归线标志塔

汕头北回归线标志塔位于汕头市西郊，是汕头市爱国主义教育基地，1988年11月，被列为汕头市第一批市级文物保护单位。

汕头北回归线标志塔

旋宫邀月

汕头国际大酒店23层的"旋宫邀月"是20世纪90年代"汕头八景"之一，也是汕头改革开放的标志性建筑之一。

旋宫邀月

龙龙，你知道吗？现在的"旋宫"虽已褪去辉煌，但依旧在汕头市民心中有着不可替代的位置。你想象一下，在月色皎洁的夜晚，坐在离地面78米高的"旋宫"内，听着耳边柔情的音乐，看着窗外汕头市区的万家灯火，欣赏着汕头城市建设的日新月异，是多么温馨。

汕头市"三身人"雕像

 龙龙,你知道"三身人"吗?

 爷爷,我知道"三身人"肠粉。

 哈哈,一提到"三身人",大家自然而然就想到了肠粉。今天,爷爷就跟你讲讲有关"三身人"的故事。

汕头市"三身人"雕像,名为《崛起》,位于金平区,于1986年10月底落成,是汕头市的文化地标之一。作为汕头代表性城市地标之一,在汕头众多城市雕塑中,汕头"三身人"雕像堪称是最为"亲民"的。

"三身人"雕像的外观为三尊洁白的人像,三尊人像的人体轮廓各自独立,底部相连,以轻盈欲飞的姿态,共同举起一座冠军奖杯,象征着举起了该市的希望与骄傲;下有底座,取"脚踏实地"之意。

汕头市"三身人"雕像

汕头市"三身人"雕像的原型是三位汕头籍世界杯跳水冠军获得者,即20世纪80年代共创中国跳水辉煌的功臣"金砂三李":李宏平、李巧贤(女)和李德亮。整座雕像虽寓意取名"崛起",由于市民多以方言将其俗称为"三身人",多年的约定俗成,今官方资料及媒体报道等也以"三身人"称之。

李宏平,生于1963年,在1981年6月第二届世界杯跳水赛上折桂,成为中国跳水第一个男子世界冠军,拉开了中国跳水"梦之队"辉煌征途的序幕。

汕头金凤坛

 龙龙,你知道汕头市花是什么花吗?

 爷爷,我知道,是金凤花。

汕头金凤坛是一座以表现汕头市花——金凤花为主题的大型城市雕塑,坛直径32米,由一朵经过艺术夸张和变形的大型金凤花雕塑组成。雕塑舒展、挺拔,似含苞欲放的花蕾,充满生命活力。

汕头金凤坛

雕塑的5片花瓣由5个直径为10米的圆形花池和3.5米高的拱形流线体组成。雕塑矗立在一个直径为24米的喷水池中央,当12

米高的水柱从金凤花的花蕊中间喷出时,水珠飞落在花瓣和水池间,雾气缭绕,美轮美奂。喷水池四周有15眼较低的喷泉,它们与中央的水柱交织成一幅富有动感的美丽图案,宛如人间仙境。因而,这里也成了汕头的新八景之一——凤坛溅玉。

汕头游泳跳水馆

汕头游泳跳水馆占地面积20万平方米,总建筑面积2.5万平方米,绿化面积约5万平方米,比赛可容纳观众2701人,该馆常年对外开放。场馆由游泳馆和跳水馆组成,在两馆的结合部设置了面向大众的水上休闲娱乐中心——戏水池。

汕头游泳跳水馆

> 2001年11月11日,汕头游泳跳水馆被国家体育总局游泳运动管理中心挂牌为中国国家跳水队汕头训练基地。汕头游泳跳水馆是汕头特区进入新世纪的又一座标志性建筑和最具现代气派的大型公共体育设施。

西堤公园

西堤公园位于汕头老市区西南角,处于镇邦路与安平路之间,西面为西港河入海处,南面为崖石海,面积约5.2万平方米。公园见证了汕头从渔村、码头,到港口、商埠的时代变迁,承载了汕头几百年历史风云,是百载商埠繁荣的发祥地,也是南粤古驿道出海口纪念地。

如今公园西南边的海岸线与一百多年前的岸线形状仍基本保持一致。公园有机地将"世界记忆名录侨批纪念地"、南粤古驿道、古出海口遗址地等元素融合在一起,打造出一处融历史纪念、文化传播、休闲运动为一体的多功能社区公园。

西堤公园

汕头人民广场

汕头人民广场位于广东汕头市海滨路与市政府大楼之间,面积达63000平方米,是汕头重要的地标,可容纳数万人。主体由露天舞台、

人民广场

罗马柱廊和音乐喷泉组成，同时临近汕头港，是一处不可错过的旅游景点。

你瞧！广场音乐主喷泉水柱高达40米，气势雄伟；由10支直径1.2米、高11米的巨型花岗岩罗马柱围成半圆状舞台，与760盏彩灯交相辉映。

建于20世纪80年代的潮汕体育馆，是市民运动锻炼的绝佳场所。升级改造后的潮汕体育馆设施先进、功能完善，更富有时代感，也更受到市民的喜爱和追捧，每天都有许多市民前来锻炼，给城市增添了生机和活力。

潮汕体育馆

汕头市博物馆

> 你知道吗？
> 你知道文物收藏、保护、研究、宣传和教育的主要机构是什么吗

汕头市博物馆成立于1960年，是汕头市文物收藏、保护、研究、宣传和教育的主要机构，也是汕头市首批爱国主义教育基地和青少年教育服务基地。

汕头市博物馆新馆高42.5米，共9层，总占地面积约6000平方米，建筑面积达到约17279平方米。其建筑风格既突显地方特色，又将传统与现代有机结合。博物馆以潮汕建筑手法为基调，采用柱廊、大挑檐，搭配琉璃瓦，以花岗岩浮雕作墙面装饰，外观新颖、大方。

汕头市博物馆

汕头火车站

龙龙,你知道现在人们远行首选什么交通方式吗?

知道,是高铁,既方便又快捷。

汕头火车站位于汕头市龙湖区,1995年,汕头火车站建成投入使用,时任国家主席江泽民亲临剪彩并题字。

汕头火车站是梅州至汕头高铁的始发终点站,也是厦深铁路的联络站。汕(尾)汕(头)高铁于2018年12月26日动工,广梅汕铁路汕头站至汕头广澳港区铁路于2022年1月24日开工。汕头火车站成为粤东地区的铁路综合交通枢纽站。

汕头火车站

龙龙,怎么样,我们的城市老印记,是不是颇有年代气息?

 我们汕头真了不起!爷爷,你再给我讲讲。

 好,那我就再讲讲我们的"特区新地标"。

林百欣国际会议展览中心

林百欣国际会议展览中心位于汕头城市中心的黄金地带,整座建筑物宏伟壮观、设计独特。林百欣国际会议展览中心是粤东、赣南、闽西南地区高档次的专业会议、展览场所,被评为汕头改革开放二十年二十项大型建筑项目之一,也是汕头市现代化标志性建筑。

林百欣国际会议展览中心广场

> **小拓展**
>
> 1997年11月10日,《大潮》雕塑在林百欣国际会展中心广场落成(海内外潮人盛会的永久标记)。该作品造型是三条曲线构成V字形,象征着贯穿潮汕平原的韩江、练江、榕江三江在汕头港汇合,奔流入海;更表现了生长在韩江、练江、榕江三江汇聚之地的潮汕人,正激情澎湃地迎接挑战的进取精神和海纳百川的博大气度;同时也寄寓了海内外潮人团结一致、为家乡经济腾飞奋斗拼搏的精神。

汕头海湾大桥

汕头海湾大桥位于汕头港东部妈屿岛海域处,为跨海高速公路桥梁。这座大桥是深汕两地一级汽车专用公路的配套设施,是联结深圳、珠海、汕头、厦门等4个经济特区的陆地交通纽带。

汕头海湾大桥,连接濠江区与龙湖区的跨海通道

汕头海湾大桥与汕头岩石大桥遥相呼应,如双虹腾空,尽展粤东地区门户今日风韵,在汕头市智能化国际性沿海港口基本建设中发挥关键作用。

潮博馆

潮博馆全称潮汕历史文化博览中心，总建筑面积约10万平方米，位于滨海新城中轴线商圈，是滨海新城的地标之一，也是汕头的新地标。于2014年3月启动建设，由中国工程院院士、世博中国馆之父——何镜堂担纲设计。

潮博馆

 爷爷，潮博中心的建筑造型好奇特呀！

 龙龙，潮博馆是汕头最年轻的"海上博物馆"，以潮汕的红头船、民居为设计灵感，构思精妙。俯瞰潮博馆，它既像绵延的山脊、像出海巨轮的船头，又像涌动的海潮、像红头船的船舷，充分体现了潮汕人民拼搏进取的精神。这里的南北面分别是宽阔的英歌广场、滨海广场和观海平台，视野开阔，与对岸的汕头市区遥遥相望。主雕塑《潮汕赋》便设在滨海广场。在这里，海风陪伴，游客尽享"山海城交融"的独特风景。

雕塑《英歌舞》

潮博馆于2022年2月已进入试运行，目前开放了潮汕非物质文化遗产展示馆、潮汕华侨博物馆、汕头美术馆和名家收藏厅等四个公益性展馆。

探究活动 试着把你游览潮博馆的感受，用一两句话写下来吧！

津湾公园

津湾公园位于汕头东海岸新城新津片区，是当地建设的首座临海大型开放式公园。公园总占地面积约42万平方米，主要分为

津湾公园

"时间之环""时间溪谷""梦想腾飞""拥抱未来"四个园区，建有休闲广场、公益性体育场、地下停车场等配套设施。

潮人码头

汕头潮人码头位于汕头市金平区海滨路西段,与礐石风景区隔海相望。包含中心广场观景区、特色风情街区、潮海关史展示区、潮汕文化展示区和国际游艇码头区等5个功能片区。潮人码头是汕头内海湾47个码头中唯一具有景观和海上交通发展潜能的码头。

潮人码头

南澳岛

南澳岛是广东省第一大岛,地处闽、粤、台三省交界海面上。南澳岛素有"粤东海上明珠""潮汕屏障,闽粤咽喉"之称,旅游资源十分丰富,有"海、山、史、庙"文体交叉的特色。

南澳岛拥有亚洲最大的海岛风电场,发掘有距今8000年以上的象山文化遗址。

蓝天、碧海、绿岛、金沙、白浪，是南澳生态旅游的主色调。有着广东"十大最美海滩"之称的青澳湾，是我国少见的浅海沙滩。沙质洁白，海水清净无污染，碧海映蓝天，白浪逐银沙，是一个让你流连忘返的天堂。

▲南澳大桥
▶南澳北回归线标志塔：自然之门

亚洲最大的海岛风电场

探究活动 同学们，汕头有这么多地标，你最想了解哪一处地标呢？快动动手，找一找，记一记，并把你了解到的地标知识跟同学们一起分享吧！

四、英模贤达

道德模范——曾雄

 爷爷,中国文明网发布第六届全国道德模范名单啦!

 我看看,嘿,我省共有14人获得第六届全国道德模范奖及提名奖呢,不仅如此,来自汕头市金平区光华路37号四脚光华修配厂厂长曾雄名列其中,荣获"第六届全国道德模范提名奖"。

 爷爷,这个曾雄伯伯的名字我好像在电视上看到过,说是我们汕头的"草根英雄",他是干了什么大事业啊?

 这可就说来话长了,我来给你好好讲讲。

在金平区光华街道,曾雄是一个几乎家喻户晓的名字——路遇持刀抢劫,他敢于挺身而出;路见汽车冒烟,他敲碎车窗勇救妇孺于危急;偶遇老人摔倒,他二话不说把老人扶起送院;他还是街道的"义务消防员",多年来使用自购的"迷你"消防车,参与了50多宗大小火灾的抢救扑灭……

曾雄以一颗炽热的心长期坚持"路见不平,出手相助",

他先后荣获"金平好人""见义勇为先进个人""汕头好人""广东好人""第六届广东见义勇为模范提名奖"等荣誉称号，并作为汕头市唯一一位候选人，被广东省文明委推荐参加第六届全国道德模范评选活动。

曾雄

探究活动 利用班会或课外活动时间，以"榜样的力量"为主题，组织讨论，说说曾雄还有哪些英雄事迹，自己如何践行社会主义核心价值观。

2020年广东百户"最美家庭"——林若华家庭

在榜样带动市民向上向善的行列中，我们老年人也不会掉队呢，我再给你讲讲金珠社区"星光老年之家"协会会长林若华奶奶的先进事迹。

林若华家庭被授予2020年广东百户"最美家庭"荣誉称号。2014年，社区筹办道德讲堂，向来关爱未成年人成长的林若华获悉后，表示愿将余热献给道德讲堂。在社区道德讲堂的引领下，金珠社区的少儿诵读经典蔚然成风，文明之花处处开放。她带动家人坚守在社区道德讲堂这一阵地上，传播中华优秀传统文化，用社会主义核心价值观引领少年儿童健康成长。在家里，林若华也带动儿孙读史诵经典，教育孩子要继承文明谦逊、尊老敬贤、勤俭节约等传统美德。在林若华的感染下，她的儿子和儿媳，以及社区不少年轻人也加入到社区道德讲堂的服务中。

林奶奶的公益善举和无私奉献精神值得我们每个人学习，我希望像林奶奶的社区道德讲堂也能走进我们的生活，让我们在丰富课余生活的同时能够传承传统美德，健康成长。

"人不率则不从，身不先则不信。"先锋最有号召力，模范最有引领力，人格最有感染力。汕头不乏这样优秀的榜样。

我知道的榜样有科研工作者黄旭华、战斗英雄麦贤得、"擒贼王"庄宜生……我们要向他们学习，争做新时代好少年。

模范人物、英雄们用自己的实际行动，高扬道德旗帜，倡导文明新风，为提升城市精神文明和社会道德水平作出了贡献,生动诠释了社会主义核心价值观的深刻内涵。

探究活动

1.你身边有像林若华奶奶这样的人吗?请你把了解到的故事讲给家里人听。

2.组织开展一场"我心目中的先进人物"故事大赛。

五、经济产业

 龙龙,你还记得习近平总书记来汕头视察的热闹场面吗?

 记得记得,习爷爷到汕头的小公园来视察的热闹场景,我记忆犹新。

 是啊,2020年10月13日下午,习近平总书记来到汕头市小公园开埠区,走进汕头开埠文化陈列馆、侨批文物馆,了解汕头开埠历史、设立经济特区以来的建设发展情况,和潮汕侨胞心系家国故土、支持祖国和家乡建设的历史。他亲自为汕头改革发展把脉定向,面对面、手把手指导汕头推进新时代经济特区建设。

沿着习近平总书记擘画的蓝图、指明的方向,按照广东省委、省政府的工作部署,汕头不断推动经济社会发展和党的建设取得新成效,向习近平总书记和党中央交出一份漂亮的"汕头答卷"。

汕头市拥有经济特区、国家高新区、综合保税区、华侨经济文化合作试验区等国家级功能区。传统经济为纺织服装、工艺玩具、化工塑料、食品医药、机械装备、印刷包装、电子信息和音像材料八大支柱产业,其中内衣产业及玩具产业最为突出。潮阳区和潮南区有中国内衣之都的美誉，拥有中国针织内衣名镇谷饶、中国内衣名镇陈店、中国针织名镇两英，汕头内衣的优势是价格低廉、营销灵活、产业链完备。澄海区拥有玩具产业技术创新及优化升级示范基地。

> **小拓展**
>
> 近年来，消费电子、通信设备、工控医疗、汽车电子等产品需求日益增加，新一代电子信息产业市场前景广阔。凭借国家通信业务出入口局在汕头设立的优势，在超声电子、立讯精密等龙头企业的带动下，汕头新一代电子信息产业发展潜力巨大。

广东汕头超声电子股份有限公司

 爷爷，表哥在大学里学习电气自动化专业，毕业后想去大城市找工作，可姨妈他们又希望他留在汕头。我们汕头有没有什么相关的企业，可以供表哥就业的？

 这个是小问题。我来给你讲讲我们汕头的超声电子股份有限公司吧。

汕头超声电子股份有限公司是由国家级高新技术企业、国家重点企业、广东省工业龙头企业之一的汕头超声电子（集团）公司独家发起，以募集方式设立的股份有限公司。公司于1997年

9月5日成立，同年10月8日在深圳证券交易所上市。汕头超声电子股份有限公司是以电子元器件及超声电子仪器为主要产品的高新技术企业，从事无损检测仪器、印制电路板、液晶显示和触控器件、覆铜板等高新技术产品的研究、生产和销售。

汕头超声电子股份有限公司

汕头超声电子股份有限公司车间

> **小拓展**

近年来,结合国家轨道交通的迅猛发展,汕头超声电子股份有限公司创新推出了适用于普铁、高铁和地铁的钢轨检测车。目前,公司产品年产能力为:双面、多层板和HDI 120万平方米;显示屏16万平方米,触控屏26万平方米,触控、显示模组4600万套;覆铜板1090万张,半固化片2800万米;超声探伤仪器2000台,探头10万只。公司产品远销美国、英国、澳大利亚、日本等发达国家和香港地区。公司经国家人事部批准,建立了粤东地区首家企业博士后科研工作站。公司的开发中心是广东省级重点工程技术研究开发中心。

众业达电气股份有限公司

 现在随着我国现代化工业的不断发展,电气自动化技术方面的人才市场有着相当大的潜力。电气自动化专业学习知识很多,学生将来毕业后就业机会也很多。我相信超声电子一定不会拒绝你表哥这样的高科技人才。

 这样一来,表哥也可以安心留在汕头发展了。

 别急,关于我们汕头的高新技术产业,还有其他的故事,接下来我再给你讲讲众业达电气股份有限公司。

众业达电气股份有限公司（简称"众业达"）是中国工业电气分销行业的龙头企业，是行业内首家上市的公司。数十载发展之路，众业达一直以脚踏实地的姿态，默默开疆拓土。众业达始创于1984年，总部位于广东汕头，2010年成为电气分销行业首家上市公司，是一家集系统集成、成套制造和增值服务于一体的专业工业电气自动化产品分销服务商，主营业务为配电与工控产品分销、系统集成与成套制造、行业解决方案、电器系统运维服务，范围覆盖产品线的开发及发展、商品服务体系与物流供应链统筹、电商平台的搭建与推广、技术服务网的建设和完善、行业解决方案研发及实施等方面，是全球著名电器品牌商最信赖的合作伙伴之一。

众业达电气股份有限公司

这些高新技术产业凭借自主创新发展,我相信它们一定会成为我们汕头"智造"的闪亮名片!

 说起来,我也有过一段创业奋斗史呢。

 什么,原来爷爷你也曾经是个时代的"弄潮儿"啊,快给我讲讲。

 那些都是老黄历了。不过,我们潮商也是世界闻名的。潮汕人善经商,其刻苦耐劳、冒险进取的精神是潮商崛起的重要因素。

凯撒(中国)文化股份有限公司

 爷爷,临近过年,我们也该买新衣服了,各式名牌服装都让我眼花缭乱,不知道该选什么好了。

 过年买衣服,你准备到哪里买新衣服呢?我告诉你,我们汕头也有自己的服装品牌——凯撒文化。让我来和你讲讲这个企业的事迹吧。

凯撒(中国)文化股份有限公司,简称凯撒文化,成立于1994年,于2010年在深交所上市。凯撒(中国)文化股份有限公司是一家主要从事服装的设计研发、生产与销售的公司。公司主要产品为女装、男装、皮类产品及饰品等。公司是皮革服装行业的领先者,是中国皮革协会副理事长单位,中国皮革协会皮衣专业委员会副主任单位。公司的"凯撒"高端服装品牌,是国内多年来坚持立足于高端市场、至今仍保持旺盛品牌生命力的少数服装企业品牌之一。

凯撒文化

小拓展

"凯撒"商标被原国家工商总局评为"中国驰名商标",1999—2008年公司及其前身连续10年被中国服装协会评为"中国服装行业百强企业","凯撒"品牌先后荣获"中国服装优秀品牌""最受消费者喜爱的服装品牌""中国十大经典品牌",在全国各大中城市开设有300多家专卖店(柜)。

2014年起,公司向互联网文化领域转型。公司拥有天上友嘉、酷牛互动等优秀游戏研发团队,幻文科技等IP运营公司,通过"游戏研发+IP运营"协同驱动,不断为全球玩家提供精品IP游戏。公司设立了三期产业基金，专注文化产业展开积极的投资布局，拓展包括影视及动漫领域，打造以精品IP为核心的泛娱乐生态布局。

 真厉害，这下我们家的衣柜也能被我们潮汕"胶己人"的潮货填满啦！

 潮汕人拥有精益求精的匠心精神和自主创新的创造热情。有了这样的企业引领，汕头的特色产业也一定会越来越好。

广东潮宏基实业股份有限公司

 龙龙，快来看看你爸爸给妈妈的结婚纪念礼物！

 哇，好漂亮的项链！还是哆啦A梦主题的！真时尚！

 爷爷：这是潮宏基的新式产品，说起来，潮宏基最大的卖点还是把时尚珠宝与传统文化创新结合。

广东潮宏基实业股份有限公司成立于1996年，于2010年正式挂牌上市，是一家集珠宝首饰设计、生产、销售为一体的大型股份企业。企业以"传承经典，引领风尚"为品牌定位，致力于在传承经典中求变化，以现代美学演绎传统经典，并能快速捕捉时尚动向，以丰富创意引领风尚。门店覆盖全国80多个主要城市，拥有包括1000多家品牌专营店的销售网络，是我国时尚珠宝品类的龙头企业。

广东潮宏基实业股份有限公司

小拓展

　　潮宏基是中国A股首家时尚珠宝上市企业。在潮汕人创立的珠宝品牌当中，潮宏基已然是当之无愧的第一，而且品牌美誉度很高，算得上是中国时尚珠宝的一面旗帜。

　　多年以来，潮宏基一直秉承"弘扬东方文化精髓，推动中国原创设计"的理念，并据此保持着产品的调性与品质。广东潮宏基实业股份有限公司，一直致力于将传统文化元素融入珠宝设计，让国际时尚与民族特色相得益彰。公司于2013年成立国内首家珠宝首饰博物馆"潮宏基首饰博物馆"。

拉芳家化股份有限公司

2001年，汕头潮南区的吴桂谦创办了拉芳家化股份有限公司。这是一家集研发、生产、销售、自主品牌的个人护理用品企业，创造了国内比较先进的自动化、信息化、数据化、智能化的个人护理用品生产基地。公司拥有发明专利达146件。

秉持"诚信、品质、分享"的经营理念，公司经历重重困难，发扬拼搏的精神，不怕失败，不断成长，成为特区的优秀企业。

探究活动

1. 请你搜索网络视频，了解这些企业发展的历程。
2. 你还知道汕头有哪些特色企业？请你试着和同学一起做一张汕头企业的文化名片，推介一下吧！

六、文化遗产

潮阳剪纸

 龙龙,你知道吗?一张普普通通的红纸,经过能工巧匠的裁剪,就可以变成活泼的动物、美丽的花卉。

 爷爷,真的有这么神奇吗?

 是的,这就是潮阳的剪纸艺术。剪纸是我国最普及的民间传统装饰艺术之一,是第一批列入国家级非物质文化遗产名录的非遗项目,也是中国文化的精华。

潮阳剪纸艺术历史悠久、源远流长,是与民俗文化相融合的民间艺术。目前整理出剪纸花样近五百个。潮阳剪纸主要用于美化与装饰,题材广泛,造型灵活,具有花中套花疏密有致、玲珑剔透等艺术特点。

你知道吗?

潮阳剪纸是广东民间艺术花园中一朵奇葩。潮阳剪纸艺术至今已有几百年历史了,是研究中原文化的发源和潮汕地区原生态民俗的宝库。潮阳剪纸主要以铜盂、西胪、和平和贵屿等地为代表,多以传统的吉祥福瑞为题材,一般会出现在各个传统佳节、婚俗等喜庆场合,或是在拜神、祭祖等传统活动中作为装饰，渲染氛围。

　　潮阳剪纸使用"阴阳剪"刀法，既有工整细致阳剪的纹线，又有阴剪粗壮有力的线条，再加上疏密有致的"花中套花"的手法，更具有丰富的表现力。潮阳区作为潮阳剪纸的发源地，于1997年被广东省政府命名为"广东省民族民间艺术（剪纸艺术）之乡"。

潮阳剪纸的剪法及工具

　　潮阳剪纸以"阳剪"为主，同时和"阴剪"结合使用（阳剪就是把外部的东西去掉，只剩图案，没有外框；阴剪就是保留外框，剪掉部分显示的就是图案），画面层次分明。在艺术手法上，用虚实结合、粗线细线交织、曲线和直线对比的手法来增强艺术效果。画面以细线为主，配合适当块面，疏密有致，玲珑剔透。

　　潮阳剪纸的主要工具是剪刀、刻刀，也采用手撕、香烫等方法，主要步骤是剪、刻、撕、朴。

　　其中，剪：剪迹流畅；刻：先画稿子，这样细致有顿挫感；撕：用指甲代刀；朴：用香烫出来的点连成线组成物象。

以下为获得2022粤港澳大湾区工艺美术博览会"国匠杯"金奖的陈传生剪纸作品《汕头新八景》：

《汕头新八景》（陈传生）

探究活动

1. 在平常的生活中，你还见过哪些类型的剪纸？说说它们有哪些特点。

2. 剪纸是一项民间工艺，请你简单制作一件剪纸作品，并简单介绍你所完成的剪纸作品。

潮剧

 "正月百花开,百花开蜂蝶狂,昨夜园门无上锁,桃花偷走来过江。"

 爷爷,你在唱什么啊?

 这是潮剧名曲目《桃花过渡》的唱词。潮剧可是国家级非物质文化遗产呢!来,今天带你来好好学习一下潮剧文化。

潮剧是用潮汕方言演唱的地方戏曲剧种,是广东三大地方剧种之一,形成于明代,已有四百余年历史。现有古装戏、现代戏剧目四千多部,唱腔曲牌、锣鼓牌子、配乐弦诗两千多首。潮剧表演分为生旦丑净四大行当;演唱用真声,柔婉清丽,唱腔以曲牌联缀兼板式变化;伴乐清越柔美,锣鼓调音和谐。

小拓展

新中国成立后,以姚璇秋为代表的一批潮剧表演艺术家开创了潮剧繁荣时期。改革开放以来,创作了《陈太爷选婿》《葫芦庙》《东吴郡主》等一大批优秀创新剧目,获得多种国家级奖项,培育了一批潮剧新秀和国家级"梅花奖"演员。潮剧是海内外潮人共同的精神家园,成为潮人和世界各地人民共享的国际文化财富。潮剧是用地方方言来演唱的,潮剧的故事就是潮汕人的故事,深受海内外潮汕人的热爱。

过大年，唱大戏。在中央广播电视总台《2022年春节戏曲晚会》中，汕头市和中国戏曲学院合作办学的潮剧本科班学生首登"春戏晚"，在开场节目《风华正当时》和潮剧《观灯》两个节目中献上精彩表演，著名潮剧表演艺术家、中国戏曲学院荣誉教授姚璇秋也惊喜亮相晚会微电影《薪火》，在全国电视观众面前展现潮剧的风采，彰显潮汕文化魅力。

潮剧是潮汕文化的名片之一，它值得我们每一个人用心传承。

2022年春节戏曲晚会（来源：汕头橄榄台）

探究活动

1. 潮剧是潮汕文化的瑰宝，有民间故事类、爱国类、红色革命类题材。请你对潮剧剧目进行一番小调查，将调查到的潮剧剧目以题材类型进行分类。

2. 请你学唱一段你喜欢的潮剧，并唱给家里人听，争做小小学艺人。

潮州音乐

 既然讲到了富有魅力的潮剧,那我就顺便给你讲一下潮州音乐。像是《平沙落雁》《凤求凰》一类的名曲,都是潮州音乐文化的瑰宝。

 我知道,像是潮州大锣鼓,气势宏伟,被西方称为"东方交响乐"。

潮州音乐是潮汕民间音乐种类的总称,是中国民族民间音乐的瑰宝。潮州音乐起源于唐宋,由历代中原音乐流入潮汕衍化而成,被誉为"华夏正声"。潮州音乐包括潮州大锣鼓、潮阳笛套古乐、潮州弦诗乐、潮州细乐、庙堂音乐和潮州外江音乐等,乐曲总计1000多首。潮州音乐以其品种多样、雅俗兼备、曲调优美丰富、节奏变化多端而著称。潮州筝为中国南派古筝代表;潮州大锣鼓享誉世界,是世界潮人的共同心声。

 临近春节,潮州音乐也作为一种节日庆贺的方式走进大家的生活,让更多人在感受节日气氛的同时,也能领略潮汕音乐文化之美。

探究活动 你听过哪些潮州音乐,说说你的体会?

澄海灯谜

 龙龙,我来考你一条灯谜,看看你的悟性。"醒后得知一场梦"(打一《西游记》人名)。

 这可难不倒我,答案是"悟空"。话说,这是经典的澄海灯谜吧。

 不错,澄海灯谜内容非常广博,文史经籍、诗文韵语、俚歌方言、时人旧物皆可入谜,与社会生活关系密切,人文内涵十分丰富。2008年6月,澄海灯谜还入选了国家级非物质文化遗产名录呢。

澄海灯谜的表现形态多姿多彩,如创作体裁有会意体、离合体、象形体、谐声体、假借体、别裁体等多种类型,法门有白描写真、顿读别解等20多个,谜格有"卷帘"等40多个,谜种有印章谜、画谜、哑谜、实物谜等20多个,谜目也有近百类、数百项,由此形成了一个既普遍通用又别具澄海特色的谜语创作体系。

澄海灯谜

澄海灯谜以其传播知识、启迪智慧的功能和独特的文化价值，深深融入了当地的元宵节、中秋节等习俗之中，成为民间广泛参与的一项文化娱乐活动，而且历久不衰。1999年，澄海被评为广东省"民族民间灯谜艺术之乡"，2000年5月又被文化部命名为"中国民间灯谜艺术之乡"。

小拓展

澄海是广东著名的侨乡，历来文风蔚然。澄海灯谜则是当地一种传统的民俗文化。灯谜起源于古代斗智炫巧的文化活动，早在明朝时期，澄海当地已形成猜谜习俗，至今有三百多年历史。

澄海灯谜的开猜形式既保留传统又与时俱进，将传承与创新有机结合。它保留了宋朝遗风，采用"击鼓猜射"的形式，欢快有序、文明礼貌。这一形式在澄海一带盛行不衰。随着时代的发展，又相继出现手机短信互猜、网络联猜等新颖的开猜形式。澄海灯谜开猜形式的多样化，不仅体现当地人民的智慧，也助推这一民俗文化更加深入人心，成为当地人民大众喜闻乐见的传统文化艺术。

澄海灯谜开猜

澄海灯谜在当今灯谜界独树一帜，拥有很高的影响力呢。

受经济等多种因素的制约，澄海灯谜目前的发展仍不够平衡，谜艺水平有待进一步提高。政府有必要加大保护和扶持力度，使这一传统谜艺得以传承、发展。

探究活动 你喜欢猜灯谜吗？请你搜集其他地方灯谜的特点，我们一起组织一场小小灯谜会，感受非遗之美吧！

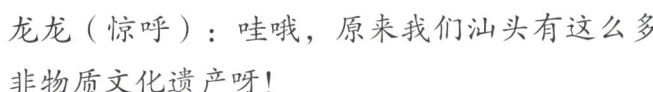

龙龙（惊呼）：哇哦，原来我们汕头有这么多非物质文化遗产呀！

爷爷（点点头）：是呀！我们可都以此为傲呢！龙龙，爷爷考考你，你知道汕头有哪些文化艺术在全国各地都有名的吗？

龙龙：我知道，我知道，有潮剧、杂技！

爷爷：对，不止潮剧、杂技，还有很多哦……

七、文化艺术

汕头杂技

"杂技"一词,是1950年中国杂技团成立时,由周恩来总理定名的。

汕头市杂技团创建于1956年(前身系潮汕杂技团),是广东省地级市中唯一建制的、具有南粤风貌的专业杂技魔术艺术优秀表演团体。汕头杂技团于成立当年便参加广东省文艺表演并一炮而红,以利用潮汕民间传统创作的"潮乐顶技"和"双飞燕"等绝活赢得"南国之花"的美誉。

近年来杂技团大胆创新求变,以高难度节目屡次登上中央电视台、全国电影节开幕式等大型舞台,原创杂技报告剧《心烧·眷恋》等一批思想性、艺术性俱佳的精品剧目不断涌现。

《心烧·眷恋》剧照

> **小拓展**
>
> 汕头市杂技团，2014年5月被广东省人民政府侨务办公室、广东省文化厅确立为"广东省中华文化传承基地"。2019年"汕头杂技"入选"汕头市第六批非物质文化遗产项目名录"。
>
> 成立以来，汕头市杂技团先后前往近60个国家和地区进行文化交流访问演出，推广潮汕优秀杂技传统文化。

潮汕大锣鼓

龙龙，你知道"吹、打、拉、弹"指的是哪种音乐形式吗？

爷爷，我知道，这是我们潮汕地区的汉族传统吹打乐。

潮汕大锣鼓是流行于广东省潮汕地区的汉族传统吹打乐。从清锣鼓形式发展起来。在每年游神盛会时演奏，乐器只用四面锣、两副大钹，属清锣鼓形式，俗称"四锣二钹"。因奏法过于简单，艺人们增添了小唢呐、苏锣、深波和一些常用弦乐器等，逐渐形成了现在这样"吹、打、拉、弹"兼具的综合性吹打乐队。

潮汕大锣鼓

潮汕英歌舞

 龙龙，你知道了潮汕传统吹打乐，那你知道潮汕地区的传统民俗舞蹈吗？

 我知道，是英歌舞。在潮汕地区，一到大型节假日，人们就会进行表演。

潮汕英歌舞，被誉为"中国民族舞蹈的根"，是潮汕地区的传统民俗舞蹈，流传了300年之久。这种广场舞蹈融汇了戏剧、舞蹈、武术等成分，阳刚而恢宏，成为潮汕人民表达喜庆的一种方式。1996年11月，汕头潮阳被文化部授予"中国民间艺术之乡"的称号。

潮汕英歌舞

潮汕工夫茶

潮汕工夫茶是中国茶艺中最具代表性的一种，是"潮人习尚风雅，举措高超"的象征。优质茶叶，精巧茶具，高冲低洒、"韩信点兵""关公巡城"，三杯清香的工夫茶呈现在眼前，"请、请、请"，热情谦让地向客人敬茶，甘醇茶水暖人心。

工夫茶

> 从工夫茶上，可以看到汕头人的好客之风，这是民风之亮点也！茶文化，也成为潮汕文化的组成部分，影响深远。

小知识

潮州工夫茶艺被列入国家级非物质文化遗产代表性项目名录。潮人好茶之风，举世皆知；潮人泡茶的"工夫"，举世称奇。工夫茶发展至今，已成为一种茶道，一种茶文化，有人还誉称其为茶文化的高峰，总结为"和、爱、精、洁、思"五字，认为工夫茶不是专为解渴，而是一种合乎道德、科学和艺术的高级享受。

汕头抽纱

汕头抽纱闻名遐迩，为汕头工艺品之冠。汕头抽纱最突出的特点是精美，在繁多的产品中以重工绣品玻璃纱手帕和台布最富有艺术欣赏和珍藏的价值。

抽纱样品

潮汕木雕

潮汕木雕是根植于民间沃土的艺术奇葩，与乐清黄杨木雕、东阳木雕、福建龙眼木雕并称为中国四大木雕。汕头木雕技艺是一种纯手工技艺，按刀法不同分为沉雕、浮雕、通雕、圆雕、镂空雕等技法。作品以题材广泛、构图饱满、雕刻精细、玲珑剔透、多层镂空、金碧辉煌等特点而称誉海内外。

潮汕木雕

古建筑艺术

潮汕古建筑营造技艺是潮汕地区特有的传统技艺之一，它包括潮式仿古建筑的建造，古建筑修缮、修复，其制品涵盖居民建筑、寺庙祠塔、园林景观等古建筑。2021年，潮汕古建筑营造技艺入选第五批国家级非物质文化遗产代表性项目名录。

秦牧故居模型

2019年，省文联、省民协授予汕头市胡氏盛德古建筑文化研究有限公司"广东省潮汕古建筑艺术传承基地"称号，以推动潮汕古建筑文化艺术传承发展。此为全省唯一一个潮汕古建筑艺术传承基地。

探究活动

1. 你知道我们的特色文化有哪些吗？
2. 如果有远方的客人到我们特区来，你最想给他们介绍我们的哪些文化呢？说说你的理由吧！

第三讲
创业故事启示

龙龙，爷爷知道你爱看动画片，还有很多周边玩具。

对呀，对呀！我有变形金刚、溜溜球，这些可都是我的宝贝。

你知道吗？在你爸爸、叔叔这一代人的记忆中，日本动画片《四驱小子》《数码宝贝》是童年美好的回忆；男生们柜子里的"奥迪双钻"四驱车是他们炫耀的资本；到了你们这一代，《喜羊羊和灰太狼》《巴啦啦小魔仙》《铠甲勇士》陪伴了"00后"，甚至"10后"整个童年呢！

我最喜欢看《铠甲勇士》了。

你知道吗？这些横跨几代人童年的动漫IP都和一家公司有关，那就是奥飞动漫。而这家公司，正是由我们汕头市澄海区一家小小玩具厂发展而来的。

什么，是我们汕头本土的？

你想知道，为什么一家小小的塑料玩具加工厂竟可以壮大成长为一家影响了好几代孩子的中国动漫品牌吗？

当然想，爷爷，您快讲！

一、本土动漫品牌的骄傲

20世纪80年代,在改革春风吹拂的潮汕大地上,一批有胆识、有魄力的农民子弟怀抱理想,"洗脚"上岸,开始了他们的创业之旅。

你知道吗?当时年仅17岁,刚刚高中毕业的农家子弟蔡东青,同样不甘被命运摆布,白手起家,踏上一条当代青年艰辛拼搏的创业之路。
1989年,蔡东青创建澄海奥迪塑胶玩具厂,生产的产品主要是小喇叭等构造简单的塑料玩具产品。

这就成功了吗?

当然不是!当时,生产这样简易玩具的厂家不在少数,如何在众多同类型厂家中脱颖而出呢?蔡东青决定从产品本身寻找出路。

他是怎么做的呢?

他自主设计玩具,不断改进生产工艺,提高玩具质量,通过生产销售低价优质的玩具产品吸引更多顾客购买。以品质服人,蔡东青赚到了第一桶金,并打响了自家小喇叭、四驱车的名声。

蔡东青先生可真了不起！这总算成功了，是吗？

 有了一定的资本积累后，蔡东青并未停止探索的脚步。他成立了玩具公司，举办了四驱车比赛，引进日本的《四驱小子》《宠物小精灵》等动漫作品，并生产、销售相关周边玩具产品，通过"动漫+玩具""玩具+体育"的模式进一步扩大公司规模，提高知名度。

 可是，世界上最成功、最著名的动漫公司不是美国迪士尼公司吗？

 是的。所以蔡东青也有一个梦，打造属于我们中国人的"东方迪士尼"。进入21世纪，蔡东青成立了动画制作公司广东奥飞文化传播有限公司，先后推出国产动画片《火力少年王》《铠甲勇士》《喜羊羊与灰太狼》《巴啦啦小魔仙》《电击小子》《新战龙四驱》等。

探究活动 同学们，你们发现了吗，这么多的动画片，有的是男生爱看的，有的是女生爱看的，有的是年龄小的弟弟妹妹爱看的，也有年龄稍大的哥哥姐姐爱看的，你受到什么启发了吗？

奥飞动漫在制作动画片时，突破以往仅关注14岁以下少年儿童的局限，多点开花，兼顾了小观众的不同需求，覆盖了多种题材类型的作品也为公司赢得了更多的好评与机遇。

小拓展

在制作动画片的同时，蔡东青并没有忘记自己是如何赚到第一桶金的，在动画片持续受到关注的同时，蔡东青抓住时机，继续推动周边玩具与IP的紧密结合，并在"互联网+"背景下，建立起一个覆盖行业全产业链——内容制作、内容播出、形象授权、衍生产品销售的全产业链模式。就这样，蔡东青一步一个脚印，正在努力朝他的"东方迪士尼"之梦迈进。

龙龙,长大以后你愿意选择什么地方工作呢?是繁华大都市、边陲小镇,还是乡村呢?

当然是选择在繁华的大都市咯!

有这么一位创业者,他用自己的经历告诉我们,留在农村,带着村民一起创业致富,也是一个值得自豪的选择。

二、"新农人"的选择

同学们,你有想过把退伍军人和"青年农民能人"画上等号吗?

陈燕鹏做到了!从退伍军人,到"青年农民能人",陈燕鹏用了10年时间,在汕头市潮阳区金灶镇,一步步奋斗、创业,带动金灶村民奔向小康。

他是怎么做到的呢?

2010年陈燕鹏退伍返乡，彼时汕头电商产业方兴未艾，而陈燕鹏敏锐地察觉到自己的家乡金灶镇具有作为农业大镇的商机。

2017年，受到潮汕本土电影《爸，我一定行的》的感染，陈燕鹏成立"潮阳区速农种养专业合作社"，以土地流转的方式，集中300多亩农田种植水果，截至目前年产值超500万元。

 成立合作社就代表事情完成了吗？

 当然不是！如何将合作社发展、壮大可是一门学问。

作为一个创业"小白"，在国家培养新型职业农民的大好政策下，陈燕鹏在华南农业大学、广东团省委"领头雁"培训班的学习让他在创业之路上快速成长，将合作社打造成具有地方特色的品牌。举办金灶杨梅文化节、网络直播，这些当代年轻人追捧的潮流方式也在金灶镇流行起来，通过电商交易、宣传平台，金灶本地农产品得以销往大江南北，帮助本地农户打赢脱贫攻坚战，实现本地农业增产增收。

陈燕鹏（来源：《汕头日报》）

吃水不忘挖井人，陈燕鹏从国家政策中获利，又将这种利益带向家乡。回汕十年，创业十年，作为市级乡土人才"青年农民能人"，陈燕鹏更希望通过自身实践发展"互联网+农业"，示范带动家乡现代农业的发展，吸引更多青年回乡创业，"农民不只是一个群体，还是一份职业"。只要能够在自己的岗位上发光发热，做出自己的贡献，成为大家尊重称赞的好农民！

> 爷爷再给你讲一个故事，这是一位80后青年从学校毕业就直接走向了创业的故事……

三、"夹缝求生"式创业故事

2016年5月9日，汕头市主流媒体《汕头日报》《汕头特区晚报》分别以《持续学习和创新很重要——汕头青年韩荣奎的"夹缝求生"式创业故事》《80后青年韩荣奎屡屡碰壁却不轻言放弃积累下"创业宝典"——要有不断学习创新的好心态》为题，刊登了汕头青年韩荣奎先生的创业故事。

"1980生的，嗯，算个准'80后'吧。"这个风趣幽默的"准80后"大男孩名叫韩荣奎，是个地地道道的"胶己人"。

毕业于汕头大学电子商务系的韩荣奎，创办了汕头市阳光网络有限公司。该公司致力于打造全国O2O人力资源服务连锁品牌，创业十余年来，阳光网络所创建的"百城招聘"网站已经服务了近千万位用户,超过90%的求职用户在"百城招聘"网站上找到了理想工作。

> 我的创业源于大学的毕业设计任务,就是做一份创业计划书。一开始是6人组成的创业团队,当时了解到网络招聘在国外发展得很好,但在国内才刚起步,所以我们选定了这个新兴的领域。不过,当时团队的大部分伙伴只是把它当作一份作业,但是我却把它当作一份事业。
>
> ——韩荣奎

随着对网络招聘行业的更多了解,以及身边很多同学毕业后求职的碰壁经历,更加坚定了韩荣奎选择这份事业的信心。

初创成员离开创业团队、公司发展缺乏资金支持、网站遭到黑客攻击、管理经验不足导致人才流失……创业伊始,无数的困顿挫折一度把韩荣奎推向崩溃的边缘。

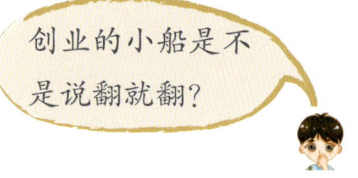

韩荣奎咬着牙接手网站开发,而当时的他并不擅长这种技术。他一边自学了网站开发,一边向网站设计经验丰富的同学和朋友请教,最后才把公司网站逐步建立起来。

在实际工作中韩荣奎时常感觉自己的管理知识和经验非常欠缺,有时甚至不知道如何去管理和激励员工,也因此走了不少弯路。韩荣奎购买了很多管理和激励大师的培训视频进行观看学习。后来,韩荣奎建立起了名为"阳光加油站"的培训室和阅览室,买了各种书籍,与公司的员工共同学习、共同进步。无心插柳柳成荫,简单的学习"充电"却给公司和员工带来了"三赢"的局面,员工能力的提升带动了工作效率的提升,工作效率的提升促进了员工薪资的提升,大家对公司的归属感也更强了,如今,留在公司里8年以上的老员工就有几十名。

 现在公司总算稳定了吧?

 随着市场同类型产品增多,竞争逐渐加大,韩荣奎意识到,要实现公司的新发展,创新尤为重要。

 那他是怎么创新的呢?

随后,公司旗下的阳光网络与全国多所大学展开校企合作,现在已与国内上百所高校展开合作。

在这过程中,该公司吸收和聘请了一批专业人才加盟,通过这些新型人才的努力钻研，阳光网络先后成功自主研发并推出了多项行业技术，其中包括以移动互联网、大数据分析等现代创新技术为基础的移动端APP"求职宝""招聘宝"、线上线下相结合的O2O招聘会等产品。

此外，该公司还打造出"招聘+社交+培训"的新型生态圈，更好地服务和推动了人力资源供求信息的科学匹配和有效流通，使公司取得更好的经济效益，在市场竞争中杀出一条血路。

> 创业过程中保持持续的学习和创新很重要，因为创新就是竞争力。在这个竞争激烈的时代，如果没有创新，没有走在行业的前沿，被淘汰只是早晚的事情，只有通过不断的学习和钻研，通过创新，做与别人不一样的东西，有了自己的核心竞争力，才不会被竞争的大潮所淹没，才可以取得成功！
>
> ——韩荣奎

四、用灵魂舞动针线上的艺术

 龙龙，你知道吗？在中国的古代社会，刺绣又称女红，是每个女孩在成长过程中的必修课。

 怪不得奶奶和妈妈的刺绣手工活都那么好，绣品活灵活现的！

 女红要求的是手动心静，针针线线里，无不显现了一个女子严谨细腻的心思和温婉恬静的心性。

一张空白的布帛，随着一针一线地穿插，逐渐呈现出色彩浓艳、富有浮雕效果的画作，这就是传统潮汕刺绣。潮绣作为中国四大名绣之一——粤绣的一大支流，具有独特的风格技艺和强烈的地方色彩，因而在全国各绣中独树一帜，被誉为"针线上的艺术"，更被列入第一批国家级非物质文化遗产代表性项目名录。

洪裕静

有着40多年绣龄的潮绣艺人洪裕静，多年来为弘扬潮汕刺绣工艺孜孜不倦地进行探索。她作为潮绣非遗传承人的潮绣技艺大师，一直积极推动这门工艺的传承和发展。她先后在汕头市聋哑学校等多所中小学、职校义务执教，把潮汕刺绣这一工艺传授给潮汕年轻的一代，也让这门传统的手工技艺焕发勃勃生机。洪裕静也被当地人亲切地誉为"针线上的舞者"。

洪裕静出身于刺绣世家，从小对潮绣情有独钟。她秉承家风，对艺术精益求精。几十年来，她拜师学艺，潜心学习潮绣技法，对于潮绣、抽纱等工艺都有广泛涉猎。她不断实践创新，将潮绣工艺发扬光大。1994年她创办了汕头市新湖裕虹工艺厂。2014她被评为市级非遗项目珠绣的代表性传承人，多件作品被国家级一级博物馆永久收藏。

2008年，洪裕静在自己的企业中成立刺绣分公司，开展潮绣的研制、创新和人才的培养，先后获得1个实用新型专利和61个外观专利。

接着她又自己投资成立"裕虹钉金绣传承中心"，作为国家非物质文化遗产潮绣的创作基地，这里聚集了技艺高超、实践经验丰富的潮绣专家、省级工艺美术大师以及潮汕本地的手工工艺能手，从设计、生产到销售一条龙完成。

"我希望把潮汕刺绣这项文化艺术发展成产业,然后再逐步'反哺'文化传承。"洪裕静表示,昔日不起眼的手工艺活已逐步转变成文化产品,让更多的人领略到潮汕刺绣的魅力。这,或许就是洪裕静手中刺绣的当下意义,也是她毕生奋斗的使命。

《潮汕情》系列作品,从左到右分别为《红桃粿》《工夫茶》《拜月娘》《女儿间》(来源:《汕头日报》)

小拓展

当时面对潮绣人才后继无力的窘境,洪裕静于2012年创办了汕头首家"裕虹抽纱刺绣研究院",并乐当潮绣苗圃"园丁",积极推广潮绣民间传统工艺,使这个民间绝活发扬光大。

如今,走进"裕虹抽纱刺绣研究院"就犹如走进一个刺绣博物馆。这里陈列几千件潮绣、抽纱、珠绣作品,涵盖了潮绣针法30多种,刺绣作品《潮汕情——红桃粿》《潮汕情——工夫茶》和《老埠——小公园》等作品被广东民间工艺博物馆永久收藏;《潮汕情——红头船》被广东省华侨博物馆永久收藏;《潮汕风》被汕头开埠文化陈列馆永久收藏。

五、"交谊舞舞者"的国际"舞步"

龙龙正津津有味地看着电视上播放的国际交谊舞比赛,手舞足蹈,还忍不住拍手叫好。

龙龙,你喜欢跳舞吗?

爷爷,我喜欢,但不会跳。每次我看到选手们听着音乐翩翩起舞的样子,好美哦!

你知道吗?在众多舞种中,交谊舞是人们进行人际交往时选择的有益活动。看你这么喜欢,今天,爷爷就来给你讲讲有关交谊舞的故事吧!

20世纪80年代末90年代初,随着改革开放大门的打开,西方社交场合里曼妙轻快的交谊舞很快走进国内许多年轻人的生活里,作为汕头经济特区参建者之一,汕头经济特区企业发展总公司(简称"特区企业总公司")总经理蔡章德,为方便与国外企业沟通和交流,学习交谊舞并"舞"出了企业的国际化步伐。

在改革开放初期,刚退伍的蔡章德不甘于过被安排妥当的平淡生活,走进改革之初的创业浪潮中,用满腔热血为特区开疆拓土。

蔡章德（来源：《汕头日报》）

90年代初，为了适应改革开放、加快与国际接轨的节奏，蔡章德在公司内举办了新鲜又丰富的国际化活动。

他请舞蹈老师教大家跳交谊舞，在公司建练歌房。

蔡章德从合资企业中学习先进、严谨的管理制度。

蔡章德不仅让公司文化、制度走在全国前沿，也做出了不少突破性举措，设立保税仓，在英国设厂，帮助驻外的管理人员和业务员办理外事签证，拿下全国进出口贸易权……这些大胆的新尝试，让特区企业总公司在汕头经济特区这片优渥的营商热土上，成为时代"潮人"，特区企业总公司与长荣厂房开发公司合作建设的"长荣大厦"，成为特区企业总公司所取得成绩的历史见证。

> 作为"老一代特区人"，蔡章德一直将特区精神——"敢闯敢试、敢为人先、埋头苦干"铭记于心，践行于创业历程中，而这种特区精神，历久弥坚，至今依旧能启发正在为特区拼搏的每一个人。

六、一位会计的成长之路

 龙龙,如果有两份工作摆在你面前,一份是长期无忧的工作;一份是从零开始,需要艰苦打拼的工作,你愿意选择哪一种?

 前一份工作听起来会很轻松,但好像没有挑战性……

 看来,龙龙还是有艰苦打拼的意志呀!

1983年,汕头经济特区建立不久,各行各业都急需专业人才,当年,特区首次面向全国公开招考财务专业人员,27岁的林一娜在数百名应考者中夺得工业会计第一名,放弃了自己体制内的工作,走上了成为优秀女企业家的成长之路。

林一娜(来源:《汕头日报》)

成为特区房地产公司主管会计后,林一娜迎来了自己的机遇和挑战,她充分发挥自己的专业能力,将原本混乱的会计账目做得井井有条。她极高的工作效率得到了肯定,更是获得了外资企业的青睐,成为汕头经济特区第一位受外商聘用的专业技术人员。

1985年，林一娜担任汕头光明服装厂厂长，此时，摆在她面前的是外商撤资搬迁后，工厂资金紧缺的问题。她没有退缩，如实向银行反映情况，凭借信誉四处筹款，带着工人们找客户、借贷款，改生产玩具服装为生产时装，培训技术，打响了企业的名声，树立了企业的信誉，不仅还清了所欠的贷款和全部外汇，还增加了设备投资。

1986年年底，汕头特区发展总公司交给林一娜一个任务——办起一家汕头特区自己的企业，而怎样办才称得上是"汕头特区自己的企业"呢？林一娜做出了勇敢的尝试，她摒弃过往论出身排资历的做法，实行厂长负责制、管理人员聘用制和工人社会招聘制，大家填表竞岗，各凭实力，即使受到一些传统观念的反对，她依然坚持这种做法，用严格的纪律和规章制度，使得企业高效自如运转，干出了"特区效率"。

作为一代"特区人"，林一娜在打拼出一番事业的同时，十分注重下一代的成长，她设立了"学业奖"，鼓励小孩子们认真学习，传承"敢闯敢试、敢为人先、埋头苦干"的特区精神。

探究活动 如果20年后你有一笔充足的创业资金，你想开一家什么类型的公司，为我们特区增光添彩呢？

第四讲

传承特区精神

 爷爷,为什么特区能发展得这么迅速呢?

 那是因为啊,特区人民不怕苦不怕累,弘扬了特区精神哪!

 什么是特区精神呢?

 你听我慢慢说……

一、什么是特区精神

【一段历史】

从1980年的深圳、珠海、汕头、厦门，到1988年的海南，一座座高楼林立，一家家企业争先上市。深圳、珠海、汕头、厦门、海南5个经济特区在体制改革中发挥了"试验田"作用，在对外开放中发挥了重要"窗口"作用，为全国改革开放和社会主义现代化建设作出了重大贡献。

【一首歌】

在歌曲《春天的故事》中，有一句这样的歌词："一九七九年，那是一个春天，有一位老人，在中国的南海边画了一个圈……"这首歌讲述的就是改革开放后国家设立经济特区的故事。此歌一经问世，就被大众传唱开来，响彻大江南北。

【一场特别的庆祝大会】

2020年10月14日，深圳经济特区建立40周年庆祝大会上，习近平总书记指出，要继续发扬敢闯敢试、敢为人先、埋头苦干的特区精神，激励干部群众勇当新时代的"拓荒牛"。

> **探究活动**　"拓荒牛"精神指的是吃苦耐劳、敢于挑战、艰苦奋斗的精神，是中华民族应该有的精神。关于"牛"的词语还不少，请你查资料，了解"老黄牛""孺子牛"的含义吧！

 龙爷爷，"敢闯敢试、敢为人先、埋头苦干"是什么意思呢？

 龙龙，"敢闯敢试、敢为人先、埋头苦干"便是特区精神的含义。请你来读读他们的故事吧，读完相信你会明白的。

上图：1989年汕头城市面貌
下图：2020年汕头城市面貌
（来源：汕头政府网）

二、我和特区共成长

自成立经济特区以来,汕头涌现了一大批踊跃投身经济特区建设和社会发展各项事业、积极贡献自身力量、展现自我价值的贡献者,他们是特区建设的先驱。

拓展汕头港口天地的传奇潮商

"我在港口工作31年了。"谢燕琼阿姨从事的是港口商业工作,2020年她接受了《南方日报》的采访。

在之前,汕头港口几乎没有运载大量货物的能力,港口商业发展迟缓。到如今,汕头港与57个国家和地区的272个港口有货物往来,内贸集装箱覆盖全国沿海港口和长江中下游地区,外贸集装箱直航东南亚及中非国家。她和自己的伙伴努力奋斗,生动诠释汕头人敢闯敢干的特区精神。

默默坚守老城的"广东好人"

在我们身边,有这样一位人物,她无私奉献,乐于助人,被评为"广东好人",她就是汕头老城区小公园的守护人——汕头市金平区小公园志愿者黄惠华女士。

在日常的志愿服务中,她坚守小公园新时代文明实践站,开展维持交通秩序、提供免费茶点、旅游咨询等长期日常定岗志愿服务，时刻践行"奉献、友爱、互助、进步"的志愿者精神。在疫情防控一线，黄惠华阿姨像党员一样冲锋在前，发挥道德模范的先锋作用，为守护小公园的安全而倾尽全力。

黄惠华

 爷爷，我也能像他们一样为特区建设作贡献吗？

 当然可以！你还小，你先看看叔叔阿姨们怎么做的吧！

> 有这样一群人，他们生长在红旗下，在特区中奋斗，将个人命运与时代和国家紧密联系，创造自己的故事，发扬了当代特区精神，从他们身上我们能获得一些启示。

林璇：我是一个年逾七旬的作家，创作了许多有关汕头特区发展的报告文学作品。有追求心态就年轻，年龄就不会打倒你。对我来说，把汕头故事讲好，把特区精神展现好，是使命，也是责任。

庄征（林百欣国际会展中心广场前雕塑《大潮》的设计者）：当时改革开放的大潮在潮汕大地奔腾澎湃，我想赋予

"大潮"这个名字深刻的含义,一个是从潮汕三市在地理和历史的角度,它代表了时代发展的大潮;另一个隐藏含义是我希望潮汕三市紧密合作,协同发展,像一只展翅高飞的大鹏,飞得更高更远。

谢志锦、苏仪夫妇:我们作为坚守者和见证者,有幸参与书写了汕头陶瓷业从辉煌到沉寂并重塑陶瓷文化的故事。

《大潮》雕塑

陈志斌:我是汕头一家食品公司的董事长,长期以来我利用机器改进技术,踏踏实实做事,打造汕头牛肉丸国际形象,我想让潮汕美食打破传统,走向国际。

林芝圻(汕头"卤鹅西施"):潮汕有句俗话,"无鹅肉不旁派"。要让"嘴刁"的汕头人成为回头客,食物从选购到烹饪都大有讲究。做餐饮最重要的就是食材,我每天采购的鹅都是精挑细选的,用的辅料也是质量好的。

潮汕美食

在我们的身边有无数的奋斗者,他们尽管身份角色不同,但都怀揣着梦想,坚守着初心奋斗,发扬了敢闯敢试、敢为人先、埋头苦干的特区精神。

 爷爷,这不正是我们要学习的美好品质吗?您放心,特区的美好故事,将由我们来续编。

 龙龙,你说得真好!爷爷为你感到骄傲!

探究活动 说一说:请你和同学们想一想,作为一名学生应该怎么做,才能传承特区精神呢?

主要参考文献

1. 陈少安主编《聚焦龙湖》，内部资料，2011。
2. 王晓韩主编《发现城市之美·龙湖》，海天出版社，2018。
3. 钟声：《改革初探》，吉林出版集团有限公司，2010。
4. 郑明武编：《百载商埠：汕头经济特区建立与发展》，吉林出版集团有限责任公司，2010。
5. 王晓韩：《梦筑龙湖》，汕头大学出版社，2015。
6. 杨可：《1980年：春潮涌起，从龙湖村到经济特区建设》，《南方日报》2020年7月7日，第4版。
7. 杨可：《致敬特区汕头40年轮记/1980年：春潮涌起，从龙湖村到经济特区建设》，南方报业传媒集团南方+客户端2020年7月7日，https://www.163.com/dy/article/FGU811MJ055004XG.html，访问日期：2022年7月5日。
8. 杜经国、黄兰淮：《艰辛的崛起——汕头特区创业十年》（潮汕历史文化研究丛书），汕头大学出版社，1996年。
9. 刘峰：《回顾与反思》，中央文献出版社，2011。
10. 黄奕瑄：《跟我逛汕头：汕头市旅游攻略》，汕头大学出版社，2011。
11. 肖岳山、徐子雅：《发现城市之美·汕头》，海天出版社，2017。
12. 《特区梦起的地方——解读汕头特区标志雕塑<升腾>》，

https://www.sohu.com/a/343947841_698126，2019年09月28日，访问日期：2022年8月6日。

13. 《汕头文化地标："三身人"》，《汕头日报》2018年6月6日，第6版。

14. 汕头市文化广电新闻出版局主编《汕头市不可移动文物名录》，汕头大学出版社，2015。

15. 陈欣琪：《奋进城市魅力四射》，《汕头日报》2019年9月29日，第17版。

16. 《汕头十大地标建筑 盘点汕头标志性建筑 见证汕头时代的变迁》，https://www.maigoo.com/top/399624.htm，访问日期：2022年8月6日。

17. 苏晓玲：《展现汕头独有文化创意》，《汕头日报》2020年03月16日，第3版。

18. 《汕头市杂技团——"南国之花"历经岁月更加芬芳》，《汕头日报》2020年05月10日，第4版。

19. Maigoo编辑：《汕头十大地标建筑》，Maigoo网，https://www.maigoo.com/top/399624.html，访问日期：2022年11月11日。

20. 陈史：《省潮汕古建筑艺术传承基地落户我市》，《汕头日报》2019年3月17日，第2版。

21. 奥文：《推动中国玩具业发展风云人物：中国品牌玩具的青年领跑者——蔡东青携奥迪玩具创品牌之路》，《玩具世界》2006年第11期。

22. 李林如：《玩具企业战略转型过程探析——以奥飞动漫为

例》,《企业研究》2016年第11期。

23. 张薇玉:《奥飞动漫商业模式研究》,硕士学位论文,中国地质大学(北京),2016。

24. 王涵琦、黄嘉锋、张伟炜:《进课堂宣讲!汕头劳模、青年农民能人陈燕鹏分享十年创业经历》,南方报业传媒集团"南方+"客户端,https://static.nfapp.southcn.com/content/202009/12/c4026903.html?colID=87&appversion=9400&firstColID=87,访问日期:2020年9月12日。

25. 王漫琪、蚁璐雅:《汕头经济特区企业发展总公司总经理蔡章德:创业"交际舞"舞出国际化步伐》,《羊城晚报》2020年6月27日,第A2版。

26. 余丹:《我的特区故事|闯荡汕头37年,她成了全国优秀女企业家》,南方报业传媒集团南方+客户端,https://static.nfapp.southcn.com/content/202006/19/c3669642.html?colID=21396&appversion=9400&firstColID=21396,访问日期:2020年6月20日。

27. (现场实录)习近平:《在深圳经济特区建立40周年庆祝大会上的讲话》,中共中央党校网,https://www.ccps.gov.cn/xtt/202010/t20201014_143889.shtml,访问日期:2022年11月10日。

28. 陈柔燕:《奔涌"大潮"展示奋进特区精神》,《汕头日报》2020年6月28日,第1版。

29. 陈文兰、莉莎:《用特区精神闯出幸福新路》,《汕头日报》2020年5月14日,第8版。

30. 栾熙彦：《我们的传家宝｜特区精神》，国际在线网，https://baijiahao.baidu.com/s?id=1696733348861052699&wfr=spider&fr=pc，访问日期：2022年11月10日。

31. 李德鹏：《聆听见证者奋斗故事会》，《汕头日报》2020年9月。

32. 陈文兰：《讲好汕头故事 弘扬特区精神》，大华网，http://news.dahuawang.com/zhuanti/content/202010/14/c74726.html，访问日期：2022年11月10日。

33. 林志文、谢燕：《共商共建共享中讲好"港口故事"》，https://www.womenvoice.cn/html/report/19042934-1.htm，访问日期：2022年11月10日。

34. 《改革开放40年，经济特区汕头不止有美食，还有……》https://www.sohu.com/a/456806469_428597，访问日期：2022年11月10日。

35. 《这，就是特区精神》，新华社（视频）https://baijiahao.baidu.com/s?id=1680486610550730240&wfr=spider&for=pc，访问日期：2022年11月10日。